Historiallinen taustaReading Freudin

Jossain määrinongelmat ovat ne odotettavissa käsittelyssä eurooppalaisten teosten
melkein mihin tahansa , jotka ovat peräisin 35 yli f0 vuotias . Jotkut terminologia on
pakko olla vanhentunutta joitakin viittauksia tieteellisiin tai kirjallisten teosten tai sitten -
ajankohtaisiin tapahtumiin että Freud voisi olettaa hänen aikalaisensa lukijat tunsivat
välittää mitään enää tai jopa antaa harhaanjohtavia vaikutelmia ; jaamerikkalainen lukija ,
joka ei tiedäManner kirjallisuuden klassikoita on erityisen vammainen . Suurelta osin ,
mutta ei kokonaan ,omistettu editorship Strachey ennakoi tällaisia ongelmia ja hänen
alaviitteet antaa hyödyllistä selityksiä .
Muut ongelmat syntyvät Freudin tapana joskus olettaen, ettälukija tiesi
hänen aiemmista teoksista , vaikka hänen julkaisemattomia niistä. Näinpaljon oli
hämmentävä noin
Luku 7tulkinta Unet (Freud , 1900) ee.g. , hänen viittaus
määrittelemätön ja selittämätön - systemsebecame ymmärrettävästi
vastajulkaisemisesta liian myöhään
jakProjecti (Freud , 1f95) . Mutta joka tapauksessa , monet opiskelijat Freudin ovat
huomauttaneet
välttämättömyys lukemisen häntä seguentially . Hänen ajatus ei voi ymmärtää , jos
hänen
kehittää ideoita otetaan pois niiden omassa kontekstissa . Onneksiaikäjärjestyksessä
tilaaminenStandard Edition ja näiden tiivistelmiä rohkaisee tällaiseenkäsittelyyn .

KEHITYS Freudin IDEOITA
Siellä oli neljä suurta ja päällekkäisiä vaiheita Freudin tieteellistä työtä :

1 . Hänen prepsychoanalytic työtä , joka kesti noin 20 vuotta , voidaan
jakaaalkuperäisen 10 vuotta pääasiassa histologista - anatominen tutkimus jaosittain
päällekkäistä 14 vuotta kliinisen neurologian , jossa yhä enemmän huomiota
psykopatologia , joka alkaa vuonna 1ff6 kun hän palasi Pariisi .
2 .Ensimmäinen teoria neuroosi peräisinvuosikymmenen1f90 -luvulla, jolloin Freud
käytetään
hypnoosi ja Breuer n cathartic tapa psykoterapian , jossa asteittain kehitetään
psykoanalyyttisen menetelmiä vapaan assosiaation , unelma tulkinta jaanalyysi
transferenssia . Ensimmäinen Dolen todella psykoanalyyttisen papereita ilmestyi tänä
aikana ,
lausui, että neuroosi onpuolustuslinja sietämätöntä muistojatraumaattinen
experienceeinfantile viettely käsissä lähisukulainen . Löytämisen hänen
oma Oidipuskompleksi kuitenkin Freud tuli katsomaan , että tällaiset kertomukset hänen
potilaat olivat
fantasioita , joka johti hänet kääntymään hänen kiinnostuksensa pois traumaattisia
tapahtumia ulkoisen todellisuuden
ja kohti subjektiivinen psyykkinen todellisuus . Merkittävä mutta vasta äskettäin löydetty
tapahtuma

kehittäminen Freudin ajattelun tapahtui 1f95 julkaisemisen jälkeenkirjassa hän kirjoitti kanssa Breuer . Hän kirjoitti mutta ei julkaissutkPsychology varten Neurologistsi (tai kProject forScientific Psykologia , i jäljempänä pelkästään kthe Projecti) , esittää kattava anatominen - fysiologinen mallihermoston ja sen toimintaa normaali käyttäytyminen , ajattelin , ja unelmia , sekä hysteria . Hän lähetti sen hänen ystävänsä Fliess korkean jännitystä , sitten guickly tuli lannistuavaikeuksia luoda perusteellinen mekanistinen ja reductionistic psykologia . Hän tinkeredmalli pari vuotta kirjeitä Fliess , ja lopulta luopui siitä .

Vuosisadan merkitty monia perustavanlaatuisia muutoksia Freudin elämästä ja työstä : hän

katkaissut hänen läheinen ja riippuvainen ystävyyssuhteita kollegoiden kanssa (ensimmäinen Breuer , sitten Fliess) ja yhteyksistäänwieniläinen Medical Society ; hänen isänsä kuoli ; hänen viimeinen lapsi syntyi ; hän psychoanalyled itse ; hän luopui neurologisia käytännön, tutkimuksen ja käsitteellisiä malleja ; ja hän loi oman uuden ammatin, tutkimusmenetelmä ja teoria , kannalta jossa hän työskenteli sen jälkeen .
3 . Freudin topografinen mallikpsychic laitteen " oliperusta kahden vuosikymmenien työn , jonka aikana hän julkaisi hänen suuri kliininen löytöjä : varsinkin Tulkinta of Dreams (1900) ja Kolme Esseitäteoria Seksuaalisuus (1905b) ; hänen paperittechnigue käytetään psykoanalyyttinen hoito ; hänen viisi suurta sairauskertomuksiin ;
Keski teoksia metapsychology ; jauseita tärkeitä tutkimuksia ja popularilations of ajatuksiaan , lisäksi hänen pääasiallinen sovelluksia hänen teorioita vitsejä , kirjallisuutta ja taidetta ,
elämäkerta , ja antropologia . Täydellisiä tai metapsychological selitys , Freud kirjoitti 1915 , reguires kdescribingpsyykkinen prosessi sen dynaaminen, topografisia ja taloudellisia
näkökohdat " ethat on , mitäteoreettinen malli , jossakeskeiset käsitteet ovat psykologiset voimat , rakenteet ja guantities energian (Rapaport m Gill , 1959) . näin ollen
puhumme kolmesta metapsychological näkökulmista. Topografiamallia , joka oli Ensimmäinen esitetään 7 luvussatulkinta Unet ja kehiteltiin edelleen metapsychological paperit 1915 , conceptualiles ajatteli ja käytökseen prosessit kolmessa psykologinen järjestelmissä :Conscious , preconscious ja tiedostamaton
(joista yhdenkäännimenomainen lokus aivoissa) .
4 . Vuonnaviimeisen jakson , välilläkaksi maailmansotaa, Freud teki neljä päätyyppiä Osallistuminen :lopullisesta muodosta hänen teoriansa vaistonvarainen asemat (BeyondPleasure

Periaate , 1920) ; ryhmän suurista muutoksista sekä yleisten että kliinisiä theoryemost erityisesti ,rakennemallipsyykkinen laitteen (Ego jald , 1923) jateoria ahdistusta ja puolustus (estoja , oireet ja ahdistus , 1926a) ; sovelluksia psykoanalyysin suurempiin sosiaalisiin ongelmiin ; jaryhmä kirjoja uudelleen ja uudelleen muotoilua hänen teorioita .
Ymmärtää rakenteen Freudin työ on hyödyllistä paitsi hyväksyä tällaistakehittävä työote , mutta myös katsella hänen teorioita näkökulmastaseuraavat kolme tavoitetta luokitusta .
Ensimmäinen ja tunnetuin onkliininen teoria psykoanalyysi , sen psykopatologia , sen tilit psychosexual kehitystä ja luonnetta muodostumista ja vastaavat . Koskevat tämän tyyppisen theoriling koostuu merkittävistä tapahtumista (sekä todelliset että fantasied) elämässä historiat henkilöistä , tapahtumista yli jännevälit , joka vaihtelee päivän vuosikymmeniä . Tämä teoria onvarastossa kaupanclinicianenot vainpsykoanalyytikko , muttavaltaosa psykiatrit , kliiniset psykologit ja psykiatriset sosiaalityöntekijät . Löyhästi kutsutaan kpsychodynamics , i se on jopa tunkeutunut yleiseen akateemisen psykologian kautta oppikirjoja persoonallisuus .
Toiseksi on mitä Rapaport (1959) on kutsunutyleisen teorian psykoanalyysin , jota kutsutaan myös metapsychology . Sen kohteena mattereprocesses hypoteettinen psyykkinen
laitteen tai ajoittain vuonnabraineis enemmän abstrakteja ja persoonaton ; jaksot ja aikaa mukana ovat paljon shorterefrom sekunnin murto jopamuutaman tunnin . prosessit käsitellään ovat useimmiten niitä esiintyy unia , ajattelu , vaikuttaa , ja puolustus .
Freudin perustelut treenata tämä teoria on paljon lähempänä , ja hän teki enemmän käyttöä

teoreettisia mallejapsyykkinen laitteen . Tärkeimmät työt ovatkProject varten Tieteellinen psykologia , i 7 luvuntulkinta Unet ja metapsychological paperit .
Kolmas on mitä voisi kutsua Freudin fylogeneettiseen teoriaa . Aihe on mies lajina tai ryhmissä , jaaikaa mukana vaihtelevat sukupolvien ikuisuuksia .
Tässä ovat Freudin grand spekulaatioita , pitkälti evoluution ja teleologinen luonne. Ne eivät sisällä nimenomaista mallejapsyykkinen laite , joka työllistää vaan monet kirjallisuuden ,
metaforinen käsitteitä . Pääasiallinen teokset tämäntyyppistä Totem ja Taboo (1913) , BeyondPleasure Periaate (1920) , ryhmä Psykologia jaanalyysiEgo (1921) , TulevaisuusIllusion (1927) , Civilization ja sen Discontents (1930) , ja Mooses ja Monoteismi (1934 --- 193f) .
Hänen kliininen maksut ovat yksi varhaisimmista Freudin papereita, jotka ovat vielä lukea, ja hän jatkoi kirjoittaa tähän vein koko ikänsä . Kuin muut kaksi teoriaa , suuret metapsychological teosten tuli aikaisin , tärkein fylogeneettiseen niistä myöhään . Kuten Freudin käsitteitä tuli metaforinen ja käsiteltiin muun kauko kysymyksiä kuin ihmisen perimmäinen alkuperä jamerkitys elämän ja kuoleman , hän tuli vähemmän huolissaan kuvataan tai otetaan järjestelmällisesti huomioonkurssin ja kohtaloimpulssi tai ajatus .
Vaikka Freudin teoksia luetaan siinä järjestyksessä , jossa hän kirjoitti ne vielä paljon

hämärtää jos yksi ei ole käsitystänykyajan tilantieteellistä ja ammatillinen kysymyksiä hän oli keskustella . Meidän onneksemme nykytutkijoille toimittavat paljon tätä tarvitaan tausta (esim. Amacher , 1965 , Andersson , 1962 ; Bernfeld , 1944 ; Ellenberger , 1970 ; Jackson, 1969 ; Spehlmann , 1953 ; katso myös Holt , 1965a , 196f) .

asiaa luvuissa Ellenberger n mestarillinen historia suositellaan erityisestitieteellisestä mutta absorbingly luettavissa tapa, jolla he antavatsosiaalista ja poliittista sekä luonnontieteiden ja lääketieteen ja yleinen henkinen yhteyksissä, joissa Freud oli kirjallisesti . Täällä en voi tehdä muuta kuin hipaistauseitatärkeimmistä ja henkisen virtaukset yhdeksännentoista vuosisadan .

NATURPHILOSOPHIE JA SEN HYLKÄYSEHDOTUS
Taparomanttinen kapina , että laajasti characteriled kaikilla henkisen elämänalussa 1F00 n oli valmistettu Naturphilosophie ,mystinen ja usein rapsodiselta näkymä Luonto perfusoitiin hengessä ja ristiriitaisia tajuton voimat ja kehittyvä mukaansisä-, päättäväinen design. Eitiiviin koulu , sen osatekijän ajattelijat mukana (kronologisessa järjestyksessä) Kant , Lamarck , Goethe , Hegel ,
Schelling (ehkäkeskeinen hahmo) , Oken ja Fechner . Lukuun ottamatta Fechner , joka eli 1f01 ja 1ff7 , he kaikki elivät poikittainkahdeksastoista ja yhdeksästoista vuosisatoja . Naturphilosophie kannustipuhkesi uudelleen vitalismista biologian , puolustisuuri fysiologi Johannes Muller , ja kannustanuthumanistinen koulun romanttinen lääketiede (Galdston , 1956) . Psykiatrian ,alkupuolellaluvulla hallitsiuudistukset Pinel , Esguirol , ja heidän seuraajansa , joka esitteliaikakauden kmoral treatmentn : yritys ystävällisyys tilalle rajoituksia , terapeuttinen optimismi perustuu etiologiset teorioitaenemmän psykologinen kuin orgaanista valettu , jayrittää saada vangit turvakodit rakentavaan toimintaan .
Kova - ajattelevia reaktio tähän tarjous - ennakkoluuloton aikakausi oli suuresti apunaanharppauksia
tehdään fysiikan ja kemian . Kolme Mullerin opiskelijoita, Brocke , du Bois -

Reymond , ja Helmholtl tapasi Carl Ludwig 1f47 ja muodostivatseuran (josta tuliBerliinin Physical Society) ja kconstitute fysiologia onkemiallis - fyysinen perusta , ja antaa sille egual tieteellinen sijoitus oli Physicsi (Ludwig , guoted by Cranefield , 1957 , s. . 407) . He eivät menestymään rehellisesti reduktionistisen Tavoitteena mutta saavuttavat muut tavoitetta: edistääkäyttä tieteellistä havainnot ja kokeet fysiologian sekä torjua vitalismista . Keskenään , ne järjestetään seuraavaa ohjelmaa :
Ei muita voimia kuinyhteisiä fyysisiä - kemialliset niistä ovat aktiivisiaorganismi . Niissä tapauksissa , joita ei tuolloin selittyy näiden voimien yksi on joko löytääerityinen tapa tai muoto toimintansa avullafyysinen - matemaattinen menetelmä , tai ottamaan uusia

voimia egual arvokkaasti kemiallisen - fyysiset voimia luonnostaan asiassa ,
pelkistettävissävetovoima tai vastenmielisyys , (du Bois - Reymond , guoted by
Bernfeld , 1944 , s. . 34 f)
Saksassa varsinkin tämä materialistinen käyteaine of physicalistic fysiologia,
mekanismi , ja reductionism tulitilassa vähitellen käyttöön romanttinen lääketiede ,
vitalismista , ja muut näkökohdat Naturphilosophie jyrsintään . Jos aikaisemmat oli ollut
Psychic , Psycho - somaattisten ja somaattinen koulut Saksan psykiatrian (ks. Earle ,
1f54 vuonna
Hunter m MacAlpine , 1963 , s. 1015 - 101F) ,somaattinen vähitellen voitti ; Meynert
(Freudin opettaja psykiatrian) , esimerkiksi suunniteltu mielenterveyden häiriöt olla
sairauksien
forebrain . Huolimatta sen terapeuttisen onnistumisista , moraalinen hoito karkotettiin
yhdessä
sen psychogenic (usein seksuaalisen) teorioita kold vaimoja "psykiatria , " hyväksi
tiukasti
orgaaninen - hereditarian näkemyksiä ja hyvin vähän tapa terapian (Bryn m Rifkin ,
1962) .
Wienin yliopiston lääketieteellisessä koulussa olietuvartiouuden hyperscientific
biologia , yksi sen promulgators , Brocke , joillasuuri tuoli ja ohjaamalla
Fysiologisia Institute (Bernfeld , 1944) . Ironista kyllä , Freud kertoo, että hänen
päätöksensä tulla

lääketieteellisen koulun määritettiin kuulokFragment on Nature " johtuvan Goethe
lukea ääneenyleisöluennon . Tämä lyhyt proosa runo onruumiillistuma Naturphilosophie ,
ja
sen on täytynyt vaikuttaa itseesi Freud , koska hänen pitkäaikainen ihailua Goethe ja
ehkä
koskaklonging varten filosofisen tiedon , " joka oli hallinnut hänen alkuvuosina ,
kuten hän sanoi myöhemminkirjeen Fliess . Kehittyminen oli ollut merkittävä teemassa
Naturphilosophie ; niin
se ei ole yllättävää, että tämä 17f0 dithyramb voisi olla osaluento vertailevaa
anatomia ,kurinalaisuutta, joka on sisustettu paljontärkeitä todisteita Darwinin alkuperä
Laji (1f59) .

ENERGIA JA KEHITYS
Ehkäkaksi mielenkiintoisimmista käsitteistä yhdeksännentoista vuosisadan olivat
energia-ja
evoluutio . Molemmat vaikuttavat voimakkaasti Freudin opettajatlääketieteelliseen.
Helmholtl olin lukenut1f47 ryhmään hänen perusoikeuksiaan paperi suojelusta annetun
energyepresented panoksena fysiologia . Kolmekymmentä vuotta myöhemmin , Brocke
luennot
olivat täynnäläheistä sukua (ja vielä huonosti eriytetty) käsitteet energian ja
voima . Voit käyttää näitä dynaamisia käsitteitä olihyvin tunnusmerkkitieteellinen
lähestymistapa ;

Brocke opetti, ettäKreal syitä symboliled tieteen sanalla hforce "
" (Bernfeld , 1944 , s. . 349) . Vaikuttaa ilmeiseltä, ettäensimmäisen Freudin kolme
metapsychological
näkökulmia ,dynaaminen (selitys psykologisen voimat) , sai alkunsa
tämä jännittävä yrittäisi nostaatieteellisen tason fysiologian mukaanahkera soveltaminen
mekaniikka ja etenkin dynamiikan , että haara mekaniikka käsittelee joukkojen ja
liikelait . Voimakkaasti guantitative painopistekoulun Helmholtl ja sen
stressi energia on selkeästitärkeimpiä tekijöitä metapsychology nähtynä
Taloudellisesta näkökulmasta (selitys kannalta guantities energiaa) . Se seikka , että
niistä

Kirjoittajat Freud kunnioitetaan eniten , kuten erilaisia lukuja Fechner ja Hughlings
Jackson
pidettävät dynaaminen ja taloudelliselta kannalta epäilemättä vahvisti Freudin
unguestioning
vakuuttunut siitä, että nämä näkökulmat ovat ehdottoman välttämättömiä
elementtejäselittävä
teoriaa .
Huolimatta physicalistic ohjelma ,todellinen työ Brocke instituutti oli pitkälti
klassisen fysiologia ja histologia . Freud oli ollut hänen Darwinian tieteellinen kasteen
alla
Clausmikroskooppisen etsiäpuuttuvat kiveksetankerias , ja hänen useita yrityksiä
fysiologisia ja kemiallisia kokeita muissa suojeluksessa olivat tuloksettomia . Hän oli
onnellinen,
siksi , yöpyämikroskoopin jossa Brocke hänelle annettiin neurohistological tutkimuksia ,
innoittamana ja edistää evoluutioteorian . Kun hän työskenteli Meynert , se oli
jälleenrakenteellinen kurinalaisuusgeneettinen methodethe tutkimuksessa aivojen
anatomiaan käyttäen
sarja sikiön aivot jäljittäämedullar polkuja seuraamalla niiden kehitystä . hänen
subseguent kliininen käytäntö oli neurologian ,kurinalaisuutta, joka , kuten Bernfeld (
1061) on
totesi , oli nmerelydiagnostinen soveltamista anatomy.i Lisäksi Freudin ensimmäinen
täysi - mittakaavan
teoreettinen malli ,kProjecti on 1f95 , on kaikkeateoriarakenteellisia
organilation aivojen sekä brutto-että hieno . Hänen varhainen koulutus siis
todistettavasti sai hänet vakuuttuneeksi siitä , ettätieteellinen teoria on
oltavarakenteellisia (tai topografisia) perusta.
Se oli Bernfeld (1944) , joka muistutti aluksi silmiinpistävän antithetical sisällöstä
kaksi rinnakkain henkisen traditionseNaturphilosophie ja physicalistic physiologye
jotka molemmat vaikuttaneet syvästi Freud , ja tässä järjestyksessä . Hänen
Julkaistujen teosten olevan
varma , tuskin mitään Naturphilosophie voidaan nähdäpapereita ja kirjoja hänen
ensimmäinen
kaksi jaksoa , ja se syntyi melkein kokonaan , mitä olen em. hänen fylogeneettiseen ,

spekulatiivisia teoksia . Monet ominaisuudet hänen käsityksensä psyykkistä energiaa voi kuitenkin olla
jäljittäävitalismista joka olinäkyvä piirre Naturphilosophie (Holt , 1967) .
Lisäksi nämä kaksi koulukuntaa voidaan pitää erityisesti ilmenemismuotoja
vieläkin laajempi, sisältäen elinten ideoita, joita kutsun (seuraavat Chein , 1972) kuvat
mies .

Freudin Kaksi Kuvia Man

Uskon, että onläpitunkeva, ratkaisematon konflikti kaikissa Freudin kirjoituksia
kahden vastakkaisia kuvia ; konflikti, joka on vastuussahyvä monet
ristiriitaisuuksia hänen koko tuotantonsa , mutta hänen kognitiiviset make - up saa hänet
sietää
(kuten tulemme pian nähdä) . Toisaalta ,pääpaino Freudin teoreettisen vaivaa oli
rakentaa mitä hän itse kutsuimetapsychology mallinpuolivälissä - yhdeksästoista -
luvun käsitys fysiikan ja kemian . Osittain sisällytetty tähän ja osittain sen takana on
mitä kutsun hänen mekanistinen ihmisen kuvaksi . Vastakkaisen näkemyksen , niin
paljon vähemmän korostunut, että
monet opiskelijat eivät tiedä, että Freud piti sitä , haluan soittaahumanistinen ihmisen
kuvaksi . se
voidaan nähdä hänen kliinisen teoksia jalaaja, keinottelua, guasi - filosofinen
kirjoituksia hänen myöhempinä vuosina , mutta se on selkein Freudin oman elämän ja
vuorovaikutus muiden kanssa,
paras verbaliled meille ehkä kirjeissään . Toisin kuinmekanistinen kuva ,humanistinen
ihmiskäsityksen ei koskaan eriytetty ja totesi kyllin kutsua
mallia; mutta se sisältäämelko rikas ja yhtenäinen elin oletuksialuonne
ihmisen , joka toimi Freudin mieleenkorjaavia antagonisti hänen
mekanistinen taipumukset .
On vain vähän todisteita jälkeen 1900 , että Freud oli tietoinen kätkeminen ristiriidassa
kuvia mies, joista kumpikaan hän voisi luopua . Tästä huolimatta monet muuten pullling
näkökohtia psykoanalyysin tullut ymmärrettävässä jos oletamme, että molemmat kuvat
olivat siellä , toimivat monin tavoin , kuten ristiriitaisia motiivi järjestelmiä .

Saanen emphasile että mitä aion esitellä eiruumiillistuma erilaisia teorioita
ehdotettiin erityisesti Freudin . Pikemminkinkaksi kuvaa päätellä komplekseja ideoita,
uutettu Freudin elämästä ja kirjoituksista ja korjattu paljon samalla tavalla hän opetti
voimme käyttää ymmärtämään neuroottinen ihmiset : tutkimallapotilaan unia , oireet ja
kassociations , i päättelemme tajuton fantasioita , komplekseja tai aikaisin muistoja ,
jotka eivät koskaan

tullut täysin tajuissaan , mutta joiden avulla voimme saada tolkkua hänen tuotantoja ,
jotka
näyttävät pinnalla niin hämmentävän monipuolinen . Tämä pyrkimys on täynnätiettyjä
määrä riskejä . Jopamekanistinen kuva tehtiin selkeä kuinteoreettinen malli vain
vuonnakProject , ijulkaisematon yritysneuropsykologiaan että Freud kirjoitti 1f95 .
Sen jälkeen tämä malli näyttää olleen pitkälti unohdettu tai tukahdutetaan yhdessä sen
antiteesi ,humanistinen kuva .

Freudin humanistinen ihmisen kuvaksi
Kumpikaan Freudin kuvia oli erityisen alkuperäinen hänen kanssaan ; jokainen oli
hänen henkilökohtainen
synteesiruumiin ajatustenpitkä kulttuurihistoria , ilmaistaan ja hänelle toimitetaan
vuonna huomattava osa kirjoista tiedämme hän luki . Kauan ennen ja pitkään sen
jälkeen Freud
päätti tullatiedemies , hän oliinnokas lukijaKaunokirjallisuutta klassikoita, jotka ovat
usein pidettyydin läntisen miehen humanistisen perinnön . Hänellä olierinomainen
liberaali
ja klassinen koulutus , joka antoi hänelleperusteellinen perustiedotsuuria tekoja Kreikan ,
Latina, saksa ja Englanti kirjailijoita, samoin kuinRaamattu , Cervantes , Moliere ja muut
pääkirjoittajaa muilla kielillä , jonka hän luki käännöksessä . Hän olimies syvä
kulttuuria , jossaelinikäinen intohimo lukemiseen runoutta, romaaneja , esseitä ja
vastaavat sekä
oppia klassisen antiguity erityisesti , muttataiteen yleensä , matkatoimistojen kautta ,
Keräily ja henkilökohtainen tiedonanto taiteilijoita , kirjailijoita ja läheisiä ystäviä , jotka
olivat

samanlainen maku ja education.2 Ja vaikka hänen myöhemmin negatiivisia
kommentteja filosofiaa , hän osallistui peräti viisi kurssia ja seminaarejaerottaa filosofi -
psykologi Brentano aikana hänen vuottaWienin yliopistosta.
Hyvin harvat niistä monista nonphysicians jotka tunsivat vetoa psykoanalyysin ja kuka
tuli osa Freudin ympyrän koulutettiinkharderi tai luonnontieteitä . Pääasiassa he
tulivathumanististen . Jokaista Waelder (fyysikko) oli muutama , kuten Sachs ja Kris (
opiskelijat pääasiassa kirjallisuutta ja taidetta) . Varmasti tämä kertoo meille jotain ei
vain vaikutteita Freud muttasellainen mies hän oli ,ihmiskäsityksen jolla hän asui ja joka
välittyi hienovaraisia keinoja hänen kanssaan - työntekijöitä .
Eri tavoin, niin , Freud tuli vaikutuksen alaisenavallitsevaa kuvaa ihmisen
välittämätärkeä ala länsimaisen kulttuurin kutsummehumanististen . Haluaisin nyt
hahmotella joitakinolennaisimpia tämän ihmisen kuvaksi , joka voidaan havaita Freudin
kirjoituksia .
1 . Man on sekäeläin-ja jotain muuta ,olento , jotka halusivat jumaluutta . Niinpä hän
onkaksinainen luonne . Hänellä lihallinen intohimoja , kasvullisen toiminnot , ahneus ja
vallanhimo , tuhoisuus , itsekäs huolta maximiling ilo ja minimiling kipua ; mutta hänellä
on myöskykyä kehittää taidetta, kirjallisuutta , uskonnon , tieteen ja philosophyethe
abstrakti maailmoissa teoreettisen ja esteettisen valueseand olla epäitsekäs , pyyteetön

ja hoivaavia . Tämä onmonimutkainen näkymä ihmisen alusta alkaen , koskaolento, joka välittää syvästi korkeammat sekä alentuneet asioissa .

2 Ellenberger (1970 , s. . 460) kertoo, että Freud osoittinäytelmäkirjailija Lenormand kthe Shakespearen ja Kreikan tragedians hänen pofficeq hyllyt ja sanoi : hHere ovat minun mestareita . " Hän väitti, ettäkeskeiset teemat hänen teoriansa perustuivatintuitioonpoets.n

2 . Jokainen ihminen on unigue , mutta kaikki miehet ovat samanlaisia , yksi laji , jokainen ihmisen kuin mikä tahansa muu . Tämä oletus kuljettaavahva arvo sitoumus hyvin,ehdotus että jokainen on sen arvoinen, että kunnioitetaan ja autetaan, jos pulassa , elää laajuus kykyjään kuitenkin rajalliset ne voivat olla . Freud oli yksi tärkeimmistä rahoittajientärkeä jatkaa tämän oletuksen kautta hänen löytö , että oli todellakin menetelmä hulluus (kuten Shakespeare tiesi intuitiivisesti) , ettähullu tai mielisairaat voitaisiin ymmärtää ja itse asiassa oli aktivoidasamat toiveet kuin muut miehet . Niinpäperinne kuten psykiatrit kuten Pinel , Freud tekipaljon ylivertaisuuttainhimillisyyshenkisesti ja emotionaalisesti epänormaali ja niiden jatkuvuus normaali .
3 . Ihminen onolento kaipuu ,striver jälkeen tavoitteita ja arvoja , kun fantasioita ja kuvia tyydytyksen ja vaaran . Toisin sanoen hänen on helppo kuvitella, mahdollisten tulevien valtioiden ilo, aistillinen ilo tai hengellistä täyttymystä , ja kivun , nöyryytyksen , syyllisyys , tuhoaminen, jne. ; ja hänen käytöksensä ohjaa ja pakotti jonka haluaa saadamyönteisiä tavoitteita ja välttää tai mitätöidänegatiivisia , lähinnä ahdistusta.
4 . Ihminen ontuottaja ja jalostaja subjektiivisia merkityksiä , jonka hän määrittelee itsensä , ja yksi hänen vahvimpia tarpeet on löytää elämänsä mielekästä . Se on implisiittisesti humanistinen kuvan , että merkitykset ovat ensisijainen , redusoitumattomasta , syy tehokkaita , ja täydellisten arvokkuutensaaihe järjestelmällisesti etua . Psykopatologia , vastaavasti , käsitetään kannalta maladaptive kompleksit tai kokoonpanoja ideoita , toiveita , käsitteet , percepts jne.

5 . On paljon enemmän ihmisen kuin hän tietää tai olisi yleensä haluavat meidän ajattelevan , enemmän

kuin on läsnä hänen tajuntansa , yli esitelläänsosiaalisen maailman julkisesti. Tämä salainen puoli on erittäin tärkeä . Merkityksiä, jotka koskevathenkilö eniten, myös fantasioita ja toiveita , ovat jatkuvasti aktiivisia ilman tietoisuutta , ja se on vaikeaa ihmiset ovat tietoisia monia niistä. Ymmärtää ihmisen todella , se on siis tarpeen tietää hänen subjektiivinen , sisäinen lifeehis unelmia , fantasioita , kaipausta , kiinnostuksenaiheet huolia , jaerityistä väriä , jolla hän näkeeulkomaailman . mennessä Vertailun vuoksi hänen helposti havaittavissa , oireinen käyttäytyminen on paljon vähemmän mielenkiintoinen ja vähemmän tärkeitä .

6 . Inner konflikti on väistämätön , koska miehen dualitiesehis ja alempi luontonsa , tietoisen ja tiedostamattoman puolin ; Lisäksi monet hänen toiveet ovat ristiriidassa keskenään tai viedä hänet ristiriidassa vaatimuksia ja paineita muilta ihmisiltä .
7 . Ehkätärkein näistä toiveista käsittäämonimutkainen vaisto rakkauden , jonka seksuaalinen himo onsuuri (ja itse monimutkainen) osa . Miehen halu seksuaalista nautintoa on lähes aina vahva , jatkuva , ja polymorfiseksi , vaikka se näyttää perusteellisesti estyy tai tukossa , ja voidaan irrottaa rakkaudesta . Samaan aikaan , Freud oli aina herkkämonia muotoja vihaa , vihaa , ja tuhoisuus , kauan ennen kuin hän virallisesti tunnusti heille hänen teoriansakuoleman vaisto.
f . Ihminen onerittäin sosiaalinen olento , jonka elämä on vääristynyt ja epänormaalia jos ei
enmeshedweb suhteita muihin peopleesome näitä suhteita muodollisen
ja institutionaliled , epävirallisia mutta tietoisesti ja harkitusti , ja monet heistä ottaa tärkeitä tajuton komponentteja. Suurin osa ihmisen motiivi järjestelmät ovat ihmissuhde
luonteeltaan , liian : me rakastaa ja vihata muita ihmisiä . Sitentärkeä todellisuutta mies on
sosiaalinen ja kulttuurinen . Nämä Sullivanian - kuulostava ehdotukset ovat selvästi epäsuorasti Freudin

sairauskertomuksiin .
9 .Keskeinen piirre ihmisen kuvaksi on, että hän ei ole staattinen vaan on aina changinge kehittää ja laskee , kehittyy ja velvollisuuksista . Hänen tärkein tajuton motiivit ovat peräisin kokemuksia childhoodethe lapsi on isämies . Ihminen on osaevoluution universumin , joten periaatteessa lähes loputtoman moitteettomasti vaikka käytännössä aina edellyttää takaiskuja , tallenteiden ja taantumat .
10 . Ihminen on sekäaktiivinen mestari oman kohtalonsa jaleikkikalu hänen intohimoja . Hän pystyy valitsemalla joukossa vaihtoehtoja , kestämään kiusauksia ja säännellä oman haluja , vaikka toisinaan hän onpassiivinen pelinappula ulkoisia paineita ja sisäistä impulsseja . Näin ollen on järkevää yrittää käsitellä hänen rationaalisesti , toivoa vaikuttaa hänen käyttäytymiseensä keskustelemalla asioita ja jopa kehotti häntä käyttämään hänen tahtoaan . Näin ollen mies on sekäid jaitsenäinen ego .
Uutetaanelimen työtä , jossa se ei ole järjestelmällistä paikka , tämä humanistinen kuva , jotka on esitetty , on jokseenkin epämääräinen ja huonosti organiled . En näe kuitenkaan mitään
luontainen syy, miksi sitä ei voitu explicated ja kehitetäänentistä järjestelmällisemmin .

Freudin mekanistinen ihmisen kuvaksi
Tämä humanistically koulutettuja ja filosofisesti taipuvainen nuori mies, potkut romanttinen ja vitalistisiin käsitysbiologian hän halusi opiskella , meniUniversity

Wienin lääketieteellisen koulun , jossa hän löysi itsensä ympäröi miesten suurta arvostusta ja
teollis- aineen opetus jännittäviä tieteellisiä oppejahyvin erilaisia . hän
tehtiinhätäisiä muuntaminen ensinradikaali materialismi , ja sitten physicalistic
fysiologia ,pääasiallinen perillinenmekanistinen perinne, joka alkoi Galileo ja

pyrkinyt selittämään kaikki maailmankaikkeudessa kannalta Newtonin fysiikan .
Freud oli vuosia lumoissa Brocke , jota hän kutsui kerransuurin viranomaiselle hän
koskaan tavannut . Useat hänen muiden opettajien ja kollegat olivat myös innostuneita
jäseniämekanistinen koulun Helmholtl , erityisesti Meynert , Breuer , Exner , ja Fliess .
Näkymät Tämän kapea mutta tiukkaa oppi oli ikuisesti jälkeen muokata Freudin
tieteellistä ihanteita , viipyvä kulissien takana hänen theoriling , lähesroolitieteellisen
yliminä . Tässä mielessä uskon, ettämekanistinen kuva miehen taustalla ja voidaan
havaita Freudin metapsychological kirjoituksia , vaikka eräiltä osin kuvaa näyttävät
olevan ristiriidassa .
Monissa yksityiskohdissa ,mekanistinen kuva on jyrkästi vastakkaisiahumanistinen yksi .
Olen yrittänyt tuoda esiin tätä kontrastia seuraavissa luettelo oletuksia .
1 . Man onoikea aihe luonnontieteistä, ja sellaisenaan ei poikkea muuta esinettä
universumissa . Kaikki hänen käytös on täysin määritetty, sisältäen raportit unia ja
fantasioita . Eli kaikki ihmisen ilmiöt ovat laillisia ja periaatteessa mahdollista selittää
luonnon - tieteellisen , guantitative lakeja . Tästä näkökulmasta ei ole merkitystä
jakamalla hänen käyttäytymisensä tai harkitsevat hänen luonteensa olevan dualehe on
yksinkertaisestieläin , parhaiten ymmärrettävissäkoneen tai laitteen , joka koostuu
nerokas mekanismeja , jotka toimivat mukaan Newtonin lait liikkeen ja ymmärrettävissä
ilman jäämiä kannalta fysiikkaa ja kemiaa. Yksi ei tarvitse olettaasielu tai elintärkeä
periaate tehdälaite ajaa, vaikka energia onolennainen käsite . Kaikkikulttuurin
saavutuksista jossa ihminen on niin ylpeä , kaikki hänen henkiset arvot ja vastaavat ,
ovat vain sublimations perus vaistonvarainen asemia , joihin ne voidaan vähentää .

2 .Erot miehet ovat tieteellisesti vähäinen; alkaenmekanistinen näkökulmasta , kaikki
ihmiset ovat pohjimmiltaan samat , että niihin sovelletaansamoja maailmankaikkeuden
laeista . Painopisteenä on havaittuaan näitä lakeja , ei ymmärtämiseen tiettyihin
henkilöihin . Näin ollen metapsychology ei ota huomioon yksilölliset erot ja ei näytä
olevanteorian persoonallisuuden .
3 . Ihminen on pohjimmiltaan motivoiautomaattinen taipumus hänen hermoston pitää
itsensästimuloimattomissa tilassa , tai ainakin pitämään jännitteet vakiona . Perusmalli
onrefleksi kaari : ulkoinen tai sisäinen ärsyke johtaa toiminnanCNS joka johtaa
vastausta. Kaikki tarpeet ja kaipuu on tieteellisiä tarkoituksia varten , on conceptualiled
voimina , jännitteitä, jotka on vähennettävä tai energiat etsivät vastuuvapauden .

4 . Ei ole paikka merkityksiä tai arvo tieteessä . Se käsittelee guantities , ei gualities , ja niiden on oltava huolellisesti tavoite . Ilmiöitä, kuten ajatuksia , toiveita tai pelkoja ovat epiphenomenal ; niitä on olemassa ja tulee selittää , mutta ei ole mitään perusteluja valtaa itselleen . Energiat pitkälti ottaa oman paikkansamekaaninen malli .
5 . Ei ole selkeää antiteesiviides humanistinen olettamus ,toinen käsittelee merkityksentajuton jasalainen , sisäpuolelle mies . vastaava uudelleenformulointia samaan kohtaan mekanistisiin kannalta voisi olla: tietoisuus liian on
epiphenomenon , 3 ja mitä tapahtuuihmisen tietoisuus on triviaali etua verrattuna

3 True (kuten MM Gill on ystävällisesti huomautti minulle) , että nProjectn Freud ei nimenomaisesti kiistä sitä, että
tietoisuus onepiphenomenon . Siltikoko trendikProjectn vaatiimieltä hän oli haluton omaksumaan : se onyrittää selittää käyttäytymistä ja neuroosi pelkästään mekaanisen kannalta , ilman
väliintuloa mitään henkistä yksiköidensyy prosessissa . Itse asiassa uskon, että se oli pitkälti siksi hän voisi
ei onnistu hänen tavoitteenaan ilman postulatingtietoinen ego asiamiehenä prosessissa puolustus, ja koska
hän ei voinut saavuttaatyydyttävää mekaaninen selitys tietoisuuden , että Freud hylätty kProject.n

kiireinen toimintaahermoston , joista suurin osa mennä ilman vastaavaa tietoisuuteen .
6 .Monet voimat toimivatlaitteet, joilla on ihmisen usein törmäävät , synnyttääsubjektiivisia raportin konflikti.
7 .Prosessit sentimentally tunnetaan rakkaus eivät ole mitään muuta kuin naamiaisasut ja muutostöihinseksuaalista vaistoa , tai tarkemmin sanottuna sen energia (libido) . Jopa platoninen hellyys on vain pyrittävä - esti libido . Sex , ei rakkautta , ei siisprime motiivi . Ja koska perimmäinen taipumushermoston on palauttaatilaan stimuloimattomien eguilibrium ,totaalinen passiivisuus kuolema on sen perimmäinen tavoite . Rage ja tuhoisuus ovat vain naamiaisasut ja muutostöihinkuoleman vaisto.
f . Esineitä (eli , muut ihmiset) ovat tärkeitä vain siltä osin kuin ne tarjoavat virikkeitä , jotka asettavatpsyykkinen laite liikkeessä ja antaa tarvittavat edellytyksetvähentämiseen sisäisiä jännitteitä , joka tuo sen levätä uudelleen . Ihmissuhteet sinänsä eivät ole todellisia ; psykologia voi olla täydellinen ilman ottaen enemmän kuinyksittäisiä laitteita ja tapahtumia sen sisällä , sekäyleisen luokan ulkoisia ärsykkeitä . Reality sisältää konly massat liikkeelle ja mitään elsei (Freud , 1f95 , s. . 30f) .
9 .Geneettinen painopiste ei ole kovin erilainen Freudin mekanisti ja humanisti , joten menkäämmeviimeinen kohta :
10 . Koska miehen käytös on ehdottomasti määräytyy hänen historiaa ja nykyaikainen järjestely voimat , vapaa tahto onvirheellinen illuusio . Jotta ajatus itsemääräämisoikeutta tai valinnanvapautta merkitsisi spontaanius sijaan passiivisuuttahermostunut
järjestelmä , ja heikentäisiassumptioneconsidered tieteellisesti necessaryethat

käyttäytymisen määräävät tiukastibiologisten asemien ja ulkoisiin ärsykkeisiin .

VAIKUTUKSETkaksi kuvaa
Psykoanalyyttinen teoria kuin me sen tunnemme onkudoksen kompromisseja näiden kahden
vastakkaisia kuvia . Vaikutusmekanistinen kuva on selkeinmetapsychology ,
jossa yleinen rakennesuurten esityksiä sekä runsaasti
terminologiaa voidaan nähdä saada välittömästinimenomaisesti mekanistinen ja
reductionistic mallikProject.iKeskeisin muutos on Freudin luopuminen
anatominen - neurologinen kehysabstrakti epäselvyyskpsychic laitteen , i
jossarakenteet ja energiat ovat psyykkinen , ei fyysinen . Tietämättään , Freud otti
syöksyt Cartesian metafyysinen dualismi , mutta staved pois mitä hän tunsi oli
antiscientific uhkahumanistinen kuvan jatkamalla vaatia perimmäinen selittäviä
teho metapsychology toisin kuinteoreettisesti vähemmän kunnianhimoinen muotoilu
kliiniset havainnot kielellä , joka oli lähempänä jokapäiväistä elämää. Ja
metapsychology , käyttämällätemppu kääntää subjektiivisia kaipausta
osaksiterminologiaa
voimien ja energiat , Freud ei tarvitse ottaaBehavioristinen tack hylkäämisen
sisäinen maailma ; korvaamallasubjektiivinen , halukas itsensä kanssaego
määriteltypsyykkinen
rakennetta , hän pystyi jää riittävästi itsenäisyyttä oikean kuvan sovi kliinisen
havainto .
Ilman realiling sen vuoksi , Freud ei anna periksipassiivinen refleksi malli
organismin jaläheistä sukua physicalistic käsite todellisuutta , vaikka hän syrjään
tahallinen neuropsychologiling . Vaikka hän nimenomaisesti siirretty kaikki yritykset
liittyvät
kannalta metapsychology prosesseihin ja paikkoihin kehossa , hän korvasi
psykologinen

teorioita, jotka kantavat samaa taakkaa vanhanaikaisen oletuksia .
Suhdehumanistinen kuvan ja Naturphilosophie vielä olla
selvennettävä . Eräässä mielessä ,jälkimmäinen voidaan pitääosa entisen ; vieläuseita
kunnioittaa sillä onerityinen asema . En ajattele sitäerikoisen eurooppalaisen teollis
anomalia ,
luonnollisesti liittyvät sen matriisi alussa yhdeksästoista - luvun ideoita ja jo vanhentunut

Freudin aikaa . Jossamoderni malttinsa (myös historian jamuiden yhteiskuntatieteiden)
etsii yksityiskohtainen, proosallinen lisäarvoketjut ja osoitettavissa syitä ,intellektuellit
tuon aikakauden nähnyt mitään vikaa postulatingkäsitteellinen pikakuvakkeen ,ad hoc
kforcei tai
kessencei tai toisella teoreettinen Deus Ex Machina johonhavaittu tulos oli
suoraan johdettavissa . Loose analogioita oli helppo hyväksyä adeguate avulla
muodostamaan
hypoteesit (yleensä geneettinen) , ja tuskin kukaan ymmärtänyteroa
tuottaauskottava idea ja päästäpuolustettavissa päätökseen. Tämän malttinsa ,
Audacity oli ihaillut kuin varovaisuutta . Loistavasti nostolaitteen arvaamattoman
tapahtumia
tai ilmiöitä oliparempi saavutus kuinvaivalloisesti naulattu alas - johtopäätös . täten
grand lakaista Darwinin ajatukset saaneet yleisön fancy , esikäsitellä sillä se oli
perintö Naturphilosophie , paljon enemmän kuin hänen satunnaisia yhdistämisestä
yksityiskohtaisia
empiiristä näyttöä . Darwin ei esitelläajatuksen evoluutiosta ; hänen panoksensa oli
treenata vakuuttavia yksityiskohtaisestinonteleological mekanismi, jonkaasteittainen
alkuperä
lajeja voitaisiin antaa selvitys . Se oliironiaa todellakin , että hänen hyvä kirja näytti
vuonna
suosittu mielivahvistuksenteleologinen , jopa animistic , käsitteet Naturphilosophie ,
vaikka on ollut monia tällaisia tapahtumiatieteen historiaan . Kenties suurin osa
ihmiset lähestyvät uusia ideoita kassimilativelyn (käyttää Piaget termi) , niiden
lyhentämistä
Lähin eguivalent onvarastossa jo olemassa olevien käsitteiden , niin
ettävallankumouksellinen

Ehdotus voi päätyä vahvistaataantumuksellinen idea .
Voisi jopa väittää, ettänykymaailmassa ,päätehtävä grand ,
integroiva speculationsephilosophical tai pseudoscientific h htheories ofuniverseieis
auttaa nuoria saamaantilapäistä henkistä hallintaasekaannusta he kokevat
kunäkillinen monipuolistaa niiden horilons , sekä emotionaalista ja ideational . Tavallaan
Freudlääketieteen opiskelija oli silmällä jo perustellusti tunne, että hänen luonteensa -
filosofisia
taipumukset olivatlapsellinen asioita, joitaihminen piti laittaa pois . Jones (1953 , s. 29).
kirjoittaa, että kun hän kerran kysyi Freud , kuinka paljon filosofiaa hän oli lukenut ,
vastaus
tuli : kVery vähän. Nuorena miehenä tunsinvahva vetovoima kohti keinottelua ja
häikäilemättä tarkastetaan it.i
Perusteella tämän ja monia asianomaisia huomioita ja kohtia , olen summariled (ks.

taulukko)näkökohdat Freudin ajattelun jotka näyttävät jäljitettävissä Naturphilosophie ja hänen filosofinen tutkimuksissa Brentano , sekä heidän kollegansa, jotka ovat peräisin perinne mekanistinen tiede ja erityisesti Freudin omien oppisopimuskoulutuksen physicalistic fysiologia . Laajuus on tuntematon , joitakin kohteita vasemmalla ehkä johdettu muista humanistinen lähteistä , mutta tämä näyttäisi uskottavalta . (Todisteet siitä, että eri tekijät liittyivät esitetyllä tavalla on esitetty Holt , 1963 .) Freud yleensä puhui slightingly tästä kaikestaja menetelmiämuodollista alojen , kutenguotation edellä , missä on huomionarvoista, (ja ominaisuus) , että hän eguated filosofiaa ja spekulointia . Vähennykseen, kattavuusteorian kattavuutta , ja tiukka määritelmä liittyi hänen mielessäänsteriili , formalistinen näkökohdat

Taulukko 1 : Piilevä rakenne Freudin Menetelmiä Conceptions

Perustuvat pääasiassa perustuvat pääasiassa
filosofia , erityisesti physicalistic fysiologia :
Naturphilosophie :
Liittyvä filosofia ; akateeminen fysiologia ;
tieteenalojen : Filosofisen psykologian neuropsykologiaan ;
metapsychology
Luonne kattavina Osittainen, ad hoc- teorioita
theoriling : teoriat , tarkat kanssa haparoiden epätarkasti
käsitteiden määrittelyistä määriteltyjä
Menettelyt Deduktiivista menettely , käytä Induktiivinen menettelyä
ja matematiikan ; (nonformalistic) ;
menetelmiä : spekulointia ; synteesi havainto ; leikkelyn ;
analyysi

filosofiaa . Ja vielä (ehkä koskasilta - evoluution konseptia) , Naturphilosophie jaloput tämän monimutkaisen ideoita liittyi Freudin mielessä Darwinian biologian jasamalla geneettisen kuria arkeologia . Nämä kunnioitettavan tieteet , jotka toisin kuin filosofia ja matematiikka olivat konkreettisesti empiirinen , rekonstruoitukauo menneisyyden ihmisen geneettinen menetelmällä . Ehkäajatus, että hän oli seuraavan menetelmän käytössä Freud lopuksi antautua hänen pitkä - tukahdutetaan kaipuu laaja, spekulatiivinen theoriling . Omaelämäkerran (Freud , 1925 , s. . 57) , hän kirjoitti : Kinteoksia minun myöhemmin vuotta (BeyondPleasure Periaate , ryhmä Psykologia jaanalyysiEgo , ja Ego jald) , olen antanut vapaat kädetkaltevuuden , jonka pidin alas niin kauan, että spekulointia .... i Tavallaan , tietenkin , se on vainjatkeGeneettinen jälleenrakentamisen palata pidemmällealkuayksilön elämän ja yrittää jäljittääkehittäminen sosiaalisesti jaettu tullinsuurempi elämän historiaaihmisiä , kuten Freud teki Totem ja

Tabu. Käsitykset Haeckelin (joka ontogeny kerrataan phylogeny) ja Lamarck (joka acguired ominaisuudet voi periytyä geneettisesti) olivat yleisesti tunnettuja aikana Freudin tieteellisesti varhaisina vuosina ja nauttinutpaljon laajaa hyväksyntäätiedemaailmassa kuin he tekivät aikana Freudin myöhempinä vuosina . Tämä hyväksyminen oli vaikea häntä luopua niistä . Jostoiminnallinen antropologit olivat ilmestyneetsukupolven nopeammin ja josasteittaista lähestymistapaa ei ollut niin populariled Sir James Fraler , Freud olisi voinut ymmärtää, miten läpitunkevaa ja tiedostamattomankuviointikulttuuri voi olla . Tämä monimutkainen yhteenliittäminen mahdollistaa kulttuurin kautta lähetettäviä hienovarainen ja lähes huomaamaton erilaisia oppimisen ,että se poistaa mitä Freud (1934e3f) julisti olivälttämättömyys, ettäsosiaalipsykologia pitäisi olettaaperintö acguired ominaisuuksia .

Freudin Kognitiivinen tyyli

Tehkäämme nytviimeisen suuren vaikeuden lähdemodernin lukijan kohtaa ymmärtämisessä Freud : hänen kognitiivinen tyyli . Jokainen joka on lukenut Freud lainkaan voi reagoida , että ehdotus hämmästyneenä , sillä Freudin tyyli on paljon ihaillut sen kirkkaan selkeys . Jopa käännös , Freud on elävä , henkilökohtainen , ja viehättävästi suora tavalla, joka tekee hänestä erittäin luettavissa ; hän käyttää kekseliäitä ja omaperäisiä kielikuvia , ja johtaa useinlukijan mukanaaneräänlainen vaiheittaista kehittämistä , jonka avulla hän voi tunkeutua vaikeaa tai arka alueillavähällä vaivalla . Jokainen joka on lukenut paljon hänen kirjallisesti voi helposti ymmärtää, miksi hän saiGoethe prile kirjallisuuden .
On kuitenkin olemassa tyylillinen vaikeuksia ymmärtää häntä ; mutta ne liittyvät hänen kognitiivinen , ei hänen kirjoitustyylin . Pari vuosikymmentä sitten George Klein (1951 , 1970) keksi
termi kognitiivinen tyyli tarkoittaakuviointihenkilön tapoja ottaen , käsittely, ja kommunikoida tietoa hänen maailmansa . Freud onomaleimaista tapa ei vain kirjallisesti mutta ajattelu , mikä tekee siitä yllättävän helppomodernin lukijan tulkita väärin hänen tarkoituksensa , hukata tai vääristää monet vivahtcct hänen ajatuksensa . joillekin
tutkinto , minä voidaan hienovaraisesti vääristää Kleinin konsepti , sillä hän operationaliled sen
laboratorio , eikirjasto . Hän esitteli aiheet piilotettu lukuja louhittava naamiointi , sarja sguares arvioitava Sile , ja muita epätavallisia tehtäviä , jotkut hänen omasta ja joidenkin muiden suunnittelemaansa . Sitä vastoin , menetelmät Olen käyttänyt ovat enemmän kuin ne,

jakriitikko . Olen kerännyt muistiinpanoja mitä tuntui minusta ominaisuus tavoin

joka Freud havaittu , käsitellyt tiedot , saadaan ideoita muilla keinoilla kuin suoran
havainto , ajatellut heitä , ja henkilökohtaiset leima niitä . Näin,
olen kuitenkin ohjannut minun pitkään yhdessä Klein ja omalla tavallaan
lähestyy kognitiivisia prosesseja ja tuotteita ; joten luotan siihen, että olen ollut
uskollinenhenki
hänen rahoitusosuuden, joka on nyt niin laajalti käytetty , että se on käytännössäosa
psykologian
yhteistä omaisuutta .

kirjasintyyli
Ehkä niin hyväpaikka aloittaa koska tahansa on Ernest Jones hyvin - tunnettuja
elämäkerta . Suuri osavähän, että hänellä on sanottavaa tästä aiheesta voidaan
organiled muodossa antitheses tai paradokseja . Ensinnäkin , siellä olipaljon siitä Freud ,
joka oli pakonomaisesti hallittu ja kova - työ . Hän johtivakaa , säännöllistä elämää ,
jossa hänen työnsä oliperusedellytys . Kuten hän kirjoitti Pfister : Ki voinut ajatella
kanssa minkäänlaista mukavuuttaelämään ilman työtä . Luovaa mielikuvitusta ja työn
yhteen minun kanssani ; En ota mitään iloa mitään else.i Silti hän jatkoi , kThat
olisireseptiä onneen , jos eikauhea ajatus , että yksi tuottavuus riippuu täysin herkkien
moodsi (Jones , 1955 , s. . 396f .) . Kuten Jones tuo , hän todellakin toimivat
puuskittain , ei silmällä jo niin tasaisesti ja säännöllisesti kuin vaikkapa Virgil , mutta kun
tunnelma oli hänelle .
Jälleen Jones huomioita kFreud läheinen huomiota sanallista yksityiskohtaisesti
,silmiinpistävää kärsivällisyyttä , jolla hän voisi purkaamerkitys lauseita ja utterancesi (
ibid. , s. . 39F) . Toisaalta :
Hänen kääntäjien kantaa minut ulos , kun olen huomioinut, että pieniä epäselvyyksiä ja
epäselvyyksiä ,
jollaisia että enemmän tunnollinen varovaisuutta olisi voinut helposti välttää , ei ole
ainakin niiden tutkimuksissa. Hän oli tietysti tietoinen tästä . Muistan kerran kysyä
häneltä, miksi hän

käytetääntiettyjä lause , jonka merkitystä ei ollut selvä , jairvistys hän vastasi : kPure
Schlamperein (epäjärjestys) (1953 , s. . 33f .) .
Hän oli itse olehuolellinen kääntäjä , vaikkaerittäin lahjakas yksi . kInstead of vaivalla
puhtaaksi alkaenvieraan kielen , sanontojen ja kaikki , hän lukisipassage , suljekirja , ja
pohtia, mitensaksalainen kirjailija olisi puettusamoja ajatuksia r Hänen kääntäminen työ
oli sekä loistava ja rapidi (Jones , 1953 , s. . 55) . Samoin Jones huomioita Freudin
kguickness ajattelun ja observationi yleisesti , jase, että kHis tyyppi mielensä oli kuten
tunkeutumaan materiaalin läpi jotain todella tärkeää pidemmälle sijaan hidastella tai

leikkiä iti (1955 , s. . 399) . Lyhyesti sanottuna hän oli intuitiivinen sijaan ploddingly järjestelmällistä .
Tämä erityisesti paradoksi voidaan ratkaista , uskon , sen tunnustaminen, että Freud oli pohjimmiltaanpakko - oireinen persoonallisuus , jossa tällaista kaksijakoista on tuttu .
Hänellä olihyvä mittariperusoikeuksien peräaukon piirteet järjestyksen ja pakonomainen huomiota yksityiskohtiin ; mutta kun se tuli hänen tilassa työskentelystä tällaisen yksityiskohtia kutenpienintäkään vaihteessa lausekertoo unelma (joka vainpakonomainen olisi huomannut ensimmäinen paikka) , hän osoittilahja intuitio .
Loppujen lopuksi, kuten Jones ei väsy muistuttaa meitä , hän olinero ,mies satunnaisia älykkyyttä .

LUONTO Freudin Intellect
Millainen älykkyys oli se , thens Jos hyväksymmeviitekehys
Wechsler älykkyys testit , se oli aluksi pääasiassasanallista sijaan
suorituskykyä eräänlainen kyky. En ole nähnyt mitään todisteita siitä, että Freud oli erityisesti lahjakas hänen
käsissä. Hän epäonnistui kemiallisena kokeen (Jones , 1953 , s. . 54) , ja vaikka hän olihyvä

microscopist ja keksiuuden kudoksen tahra aikana hänen vuoden tieteellisen oppisopimus
vuonna Brocke fysiologinen laboratorio , ei ole näyttöä siitä , että hän oli taitava mekaaninen lopussa. Hän ei ollut koskaan , mitä me kutsumme kan laitteet mies, inerokas
tinkerer.4 Muutentavallista seurausselvästi korkeampi sanallinen esitys-
10 olisi tukee Freudin tapauksessa : hän varmasti koskaan annettu näyttelemistä , mutta oli
ainaintellectualiler ja internaliler . Lisäksi kThat olilausutaan
passiivinen puoli Freudin luonto onpäätelmä , joka on runsaasti evidence.i Jones (1953 , s. . 53) toteaa ; KHE kerran huomautti , että oli kolme asiaa , jotka hän tunsi unegual : koskevat , kuivatuksen ja educating.i Hän luopui hypnoosin ka karkeaksi häiritseviä
methodi ja pian abjuredkätten päälle huolimatta siitä, että hän käsitelty useita Naiset opinnot Hysteria fyysisillä hieronta . Istuminen guietly ja kuunnella ilmaiseksi yhdistykset , vastaa vain suullisesti (pitkälti tulkinnat) , onmenetelmä par huippuosaamistamies sanallista lahjoja jahaluttomuus käsitellä.
Todellisempi, sanallinen älykkyys , voimme tehdä joitakin tarkempia lausuntoja hyvin . KHE olisuunnattoman rikas sanavarasto , i Jones (1955 , s. . 402) todistaa , KBut hän oli
kääntöpuolellapedantti sanoin . " Hän tiesi kahdeksalla kielellä , ottaa tarpeeksi mestaruus Englanti
ja Ranskan kirjoittamaan tieteellistä artikkelia näissä kielillä . Onmelkoisesti näyttöä rivien välistä Freudin kirjoituksia ettäliikennemuotojen hänen ajatuksensa oli pääosin sanallista, kuten

4 nasnuori lääkäri Olen työskennellytpitkän aikaaChemical Institute koskaan tulossa taitaviataitoja, jotka että tiede vaatimuksia ; ja siksi minun arkitodellisuuteensa En ole koskaan pitänyt pohdinta karu ja jopa nöyryyttävä episodi minun oppisopimuskoulutuksen . Toisaalta minulla onsäännöllisesti toistuva unelma työskennellä laboratoriossa , ja analyysien ja ottaa erilaisia kokemuksia siellä . Nämä unet ovat epämiellyttävä samalla tavalla kuin tarkastus unelmia ja ne eivät ole koskaan aivan erityinen . Vaikka olin tulkkaus yksi heistä , huomioni oli lopulta houkutteleesana " analyysi " . joka antoi minulleavain niiden ymmärtämistä . Noista ajoista olen tulluthanalyst " , ja olen nyt tehdä analyysejä , jotka ovat erittäin hyvin puhuttu ... n (1900 , s. . 475)

vastustaa imageless , näkö-, kuulo tai kinesteettinen . Hän antaa näyttöä siitä, että hän oli ollutvirtuaalinen Eidetiker pitkälle vuoteen hänen koulunkäyntiin , mutta :
... Lyhyen ajan nuoruuteni joitakin epätavallinen urotekoja muistia olleet yli ymmärykseni .
Kun olinkoululainen otin senitsestään selvää, että voisin toistaa ulkoa sivu Olin lukenut ; ja vähän ennen tulinyliopiston voisin kirjoittaa alas melkein sanatarkasti suosittuja luentoja tiedeaineita välittömästi kuultuaan niitä .
(1901 , s. . 135)
Hänen kuulo kuvasto voisi olla erittäin eloisa , liian , ainakaan ennenmuutamaa vuotta myöhemmin ,
kun hän opiskeli Charcot Pariisissa . Näinä päivinä , hän kertoo , kl silmällä jo usein kuuli nimeni yhtäkkiä kutsuttiinerehtymättömän ja rakastettu ääni , " jossa hän menee viitata unblinkingly kuinkhallucination " (1901 , s. . 261) . Silti hän kirjoittaa näistä kokemuksla siten , että niistä ilmenee , kuten useimmat muut eidetic kuvantamislaitteet , hän vähitellen
menettäneet kyvyn kun hän kasvoi vanhempi. Totta, hänen unelmansa jäi elävästi visuaalinen , ja hän
joskus oli mahdollisuus saaderävä visuaalisen kuvan arkitodellisuuteensa , mutta emphasiled että
tällaisia tilaisuuksia olivat poikkeuksellisia . Toisaalta , en ole koskaan löytänyt mitään viitteitä siitä, että
Freud oli edes tiedä, että tällainen ilmiö kuin imageless ajatus on olemassa; vaikka tutkijoita Galton Anne Roe ovat havainneet, että characteriles monien johtavien luvut kuten tieteenalojen kuten matematiikan ja teoreettisen physicsedisciplines että Jones
nimenomaan sanoo (1953 , s. . 33) Freud olisi koskaan voinut kunnostautunut sisään Ehkä siellä onvihje tässä, että Freud mieli ei ollutaivan eturintamassa niin pitkälle kuin hyvin abstraktilla ajattelu on huolissaan . Varmasti hän ei ollut paljonmatemaatikko .
Hän kerran characteriled itsensä seuraavasti :
Olen hyvin rajoitettua kapasiteettia tai kykyjä . Ei lainkaan luonnontieteisiin ; ei mitään matematiikka ; mitään mitään guantitative . Mutta mitä minulla on , onhyvin rajoitettu

luonto , oli luultavasti hyvin intensiivinen . (tuoted Jones , 1955 , s. . 397)
Kuten tulemme näkemäänhieman myöhemmin , tämä suhteellinen heikkousguantitative
tekijä oli useita huomattavia vaikutuksia Freudin tavalla ajattelua .
Voit summarile toistaiseksi kannalta kykyjä , Freud olipääasiassa sanallista älykkyyttä ja
tila ajattelua . Hän oli harvinaisen lahjakas muisti, keskittyminen , passiivinen (tai kuten
hän asian ilmaisi , kevenly - suspendedi) huomiota , ja luova käsite - muodostumista .
Hänen lahja oli enemmän analyyttinen kuin synteettiset , aivan kuten hänen Etusijalle
asetettiinentisen ylijälkimmäinen näkökohta ajattelua . Hänellä ei ollut merkittäviä lahjoja
sekä sensomotorisen , manipuloiva tai guantitative linjat, eikä kaikkein abstrakti tyypit
ajatuksen . Ennen kaikkea , se ei voi olla turha lisätä , hän oli tuottelias , omaperäinen ja
luova.

ITSE - kriittistä epäilyt vai itse - CONFIDENT määritys
Siirryttäessä joitakin tyylillisiä näkökohtia hänen ajatuksensa , minä jatkaa
antitheses . Yksi tällainen onkognitiivinen puolinäkyväksi teemaksi Freudin
persoonallisuus :
self - kriittinen , jopa eläkkeelle ja itsensä - epäileviä vaatimattomuus vs.pitkälti peitellyn
ja romutettu
jano fame yhdistettynä suuri itse - luottamusta . Useatguotations niin
Freud ja Jones ovat käsitelleet hänen itsensä - kriittinen puolella , jatodisteet hänen
syvä -
istuu kaipuu nähdä hänen nimensä kaiverrettukallioon ikäisille on kaikkialla läsnä
Jonesin kolme
määriä , muttaopetuslapsi outdidmestari protestoi että se ei ollut niin . Molemmat
puolia Freudin mielen tulla ulos suhteessaajatuksia hän esitetty BeyondPleasure
Periaate . Hän kirjoitti :
Seuraavassa on spekulointia , usein kaukana - haettua spekulointia , jonkalukija
harkitcoo tai hylkää mukaan hänen ylcoittäioiä mioltymys . (1020 , s. . 24)

ja :
Voidaan kysyä, onko ja kuinka paljon olen itse vakuuttunuttotuudenhypoteeseja , jotka
on esitetty näissä sivua . Vastaukseni olisi, että en ole vakuuttunut itseäni ja että en pyri
suostuttelemaan muita ihmisiä uskoa niihin . Tai täsmällisemmin , että en tiedä, miten
pitkälle uskon niihin .... Koska meillä on niin hyvät perusteet olla epäluuloinen , meidän
suhtautuminentuloksia oman keskusteluihin voi hyvin olla muu kuin jokin viileä
hyväntahtoisuus . (1920 , s. 59).

Hän puhui tietenkin hänen kiistellyin spekulaatioita , jotka koskevatkuolemaan vaisto .

Silti vainmuutamaa vuotta myöhemmin , hän kirjoitti näin:
Aluksi se oli vain alustavasti , että olen esittänytnäkemyksiä olen kehittynyt täällä ,
muttaajan mittaan he ovat saaneet tällaistakäsiinsä kun minulle, että en voi enää
ajatella muulla tavoin . Mielestäni ne ovat paljon huollettavia teoreettisesti kuin muilla
mahdollisilla niistä ; ne tarjoavat , että yksinkertaistaminen , ilman joko unohdetaan tai
tehdä väkivaltaatosiasioita, joille pyrimme tieteelliseen työhön . (1930 , s. . 119)
Lyhyesti sanottuna hän olitaipumus tulla niin kaccustomed onfacei hänen omia
ajatuksiaan siitä pitävät niitä välttämättömiä ja lopuksi vahvistettu , vaikka ne on alun
perin esitettiin suurella vaatimattomuus . Todellakin , hän muistelihutera spekulaatioita
BeyondPleasure Periaate perustana tukea hänen perusoletus , että siellä oli kaksi
luokkaa vaistonvarainen asemat:
Uudestaan ja uudestaan löydämme , kun pystymme jäljittämään vaistonvarainen
impulsseja takaisin , että ne paljastavat itsensä johdannaiset Eros . Jos se ei esitettyihin
seikkoihin BeyondPleasure Periaate , ja viime kädessäsadistinen aineosia, jotka
kiinnittyivät Eros , meillä pitäisi olla vaikeuksia tilalla meidän keskeinen dualistinen
näkökulmasta pin vaiston teoriassa) . (1923 , s. . 46)

Täällä meillä on ensimmäinen vihje yksiperusongelmaa , joka Freud taistellut

ja joka auttoiluonnetta hänen ajatuksensa . Työskentely kuten hän tekiuuden kentän ,
joihin ei ole tavanomaisia määrittelykäytännöt voimassa tietoa , hänen oli jatkettava
vastaanväistämätön itse - epäilyksiä, jopaepätoivo , että mitä hän oli tekemässä voisi
johda mihinkään , jonkairrationaalinen luottamusta itseensä , uskon , että hänen
intuitioon ja hypoteeseja olisi oikeaksi , ja jopajossain määrin itse - petos , että hän oli
perustanut pistettä voimakkaammin kuin hän itse olisi voinut tehdä .
Hänen päättäväisyyttä sinnikkäästikasvot hänen tunnustaminen, että edistyminen oli
vaikeaa ilmaistaan hyvinseuraavat quotation :
On lähes nöyryyttävää , että työskenneltyään niin kauan , meidän pitäisi silti olla
vaikeuksia ymmärtääkeskeisimpiä tosiasioita. Mutta olemme tehneet mielemme
yksinkertaistaa mitään ja piilottaa mitään . Jos emme voi nähdä asiat selkeästi saamme
ainakin nähdä selvästi, mitäepäselvyyksiä on . (1926a , s. . 124)
Yksimyönteisistä puolista Freudin kyky olla itsestään - kriittinen oli hänen halukkuutta
vaihtaa ajatuksiaan :
Meidän täytyy olla kärsivällinen ja odottaa tuoreita menetelmiä ja tilaisuuksia
tutkimuksen . Meidän on oltava valmiita , myös luopuapolku olemme seuranneet jonkin
aikaa , jos se näyttää johtavan mitään hyvää loppua . Vain uskovia , jotka vaativat , että
tiede onkorvatakatekismus he ovat luopuneet , syyttävättutkija kehittää tai edes
muuttamassa hänen näkemyksensä . (1920 , s. . 64)
Jos hän ei aina voi elää jopa tämän rohkean ohjelman , jos hän ei recognile että
monet hänen unguestioned oletukset eivät olleet yhtä aksiomaattisesti totta kuin hän
ajatteli , nämä
ovattarpeen conseguences ihmisenä olemisen . Freud on varmasti sattunut hänen
pitkän

vieras intohimoinen kiinnostus salaisuuksien luontoa jakyky hoitaa
syvästi hänen ajatuksiaan . Sitäkin luonnollista, että hän olisi ollut tapana ajoittain

menettää tieteellisen irtoaminen ja sekoittaa hänen käsitteitä realiteetteihin. Niinpä hän
viittaa kthe hsuper - ego , "yksimyöhemmin havaintoja psychoanalysisi (1900 , s. . 55F
n . 1) , tai kthe havaintoon, ettäego itse cathected kanssa libidoi (1930 , s. . 11e ;
kursivointi molemmissa guotations) . Kun puhuin edellä hänen unguestioned oletuksia ,
minulla oli lähinnä mielessäpassiivinen refleksi malliorganismin , joka on nykyään
todistettavasti väärä (Holt , 1965) . Silti Freud se tuntui niin itsestään - ilmeisesti totta,
että hän viittasi siihentosiseikat, joihin hän on voinut yksi hänen guestionable
konstruktioita :
Hallitseva taipumus henkistä elämää , ja ehkä hermostunut elämää yleensä , on
pyrkimys vähentää , pitää vakiona tai poistaa sisäisiä jännitteitä , koska ärsykkeitä . . .
ea suuntaus , joka ilmeneeilo periaate ; ja meidän tunnustaminen tämä seikka on yksi
tärkeimpiä syitä uskoaolemassaoloon kuoleman vaistot . (1920 , s. . 55F . , Kursivointi
lisätty)
Toinen tämän saman antiteesi oli Freudin vakuuttunut siitä, ettäydin , mitä hän oli
laskemassa ulos oli totuus , joka olisi täysin arvostaa vain tuleville sukupolville , vs.
hänen odottaa, että paljon siitä, mitä hän opetti olisi guickly kaadettu , kuten
seuraavassa 1909 kirjeen Jung vastauksenajälkimmäisen ilmaisseet pelkoa siitä, että
Freudin kirjoituksia kohdeltaisiin evankeliumi :
Sinun otaksua, että lähtöni jälkeen minun virheet saattavat olla palvottu
Pyhäinjäännösten huvitti minua valtavasti , mutta en usko sitä . Päinvastoin , luulen
seuraajia kiirehtii purkaa mahdollisimman nopeasti kaikki mikä ei ole turvassa , mitä
jätän taakse . (tuoted Jones , 1955 , s. . 446)
Freud osoitti täällävahvuus hänen uskonsa , että oli ytimiä iankaikkisen totuuden sekä
akanoitasato hänen työnsä .

ANALYYSI VERSUS YHTEENVETO
Toinen tuttu antiteesi valtakunnassa ajattelu on analyysi vs. synteesi . Täällä
,mieluumminkeksijä ja Namer psykoanalyysin oli selkeä ja merkitty . Vuonna 1915 hän
kirjoitti Lou Andreas - Salome :
Olen niin harvoin tuntevat tarvetta synteesiin . Yhtenäisyys tässä maailmassa on
minusta itse - ymmärtää , jotain kelvoton painottaen . Minua kiinnostaaerottaminen ja
hajottaa ainesosiinsa mitä muuten virtaamaan yhdessäalkukantaista massaa. . . .
Lyhyesti sanottuna olen ilmeisestianalyytikko ja uskon, että synteesi tarjoaa mitään
esteitä , kun analyysi on saavutettu . (1960 , s. . 310)
Silti huolimattasiitä, ettäkäsitesynteettisen toimintaego liittyy vähemmän Freud kuin
Nunberg ,jälkimmäisen paperin tällä nimellä (Nunberg , 1931) on suurelta osin
yksinkertaisestipiirustus yhdessä kohtia Freud teki ohimennen monissa yhteyksissä .
Freud voisi hoitaa merkittäviä urotekoja synthesiling monet katkaistu factsesee
esimerkiksi hänen mestarillinen katsaustieteelliseen kirjallisuuteen unelmia (1900 , Ch .
1) eand hän opetti meillepaljon siitä, synteettinen toimintaa ; kuitenkin , hänen kykynsä
ja hänen mieltymys juoksi pääasiassa tapaan analyysin .

dialektiikka dualismi
Yksi syy Olen hyväksynytantithetical menetelmä tässä käsikirjassa on , että
mieltymys vastakkaisten binary käsitteitä oli itse erittäin luonteenomaisia Freudin
ajattelua .
Jopavaltakunnassa taidetta, hän selvästi suositumpaatasapaino klassisen antiguity ;
kirjeen
Romain Rolland vuonna 1930 puhuu hänen kHellenic rakkaus osuus " (1960 , s. . 392) .
ja
oman teorian , se on varmastisilmiinpistävä ja hyvin - tunnettu tosiasia, että hänen suuri
käsitteet tulevat
Hyväksytty vastakkaisten . Ehkä merkittävin on hänen motivoiva teoriassa sen eri

asuissa . Melko aikaisin , hän kuoppainen tajuton toiveen vastaan preconscious
Cathexis sitten
libidinal vs.ego - vaistot , siirryt narsistinen vs. objekti - libido , Eros
vs.kuolema vaistot (tai rakkautta vihaa vastaan) ; mutta se oli ainaDual Drive teoriaa .
tai
muistaa kthe kolme suurta napaisuuksissa jotka hallitsevat henkinen Lifei :
activityepassivity , egoe
ulkoiseen maailmaan , ja pleasureeunpleasure (1915a , s. . 140 , kursivointi Freudin) ,
johon
voitaisiin lisätä, että masculineefeminine . Monet muut tällaiset oppositio tulee mieleen:
guantity vs. guality , autoplastic vs. alloplastic , ego - syntonisia vs. ego - ulkomaalainen ,
ilo periaate vs. todellisuus periaatteessa vapaita vs. sidottu Cathexis , jaensisijainen
käsitellä verrattunatoissijainen prosessi . Se ei ole vaikeaa osoittaa, että Freudin
ajatelleet
jatkuva sarja todellisen ajatteluaan teoreettisen äärimmäiset
ensisijainen jatoissijainen prosessi , mutta tyypillisesti käytetään niitädikotomisen tavalla .
Silloinkin kun hän ehdotti kolmikot käsitteitä (Cs. , kpl. , Ja UCS . , Ego , yliminä ja id),
hän oli
voimakas taipumus alentaa niitä binäärimuodossa . 1923 työ on loppujen lopuksi oikeus
pelkästäänEgo jald ; jaero tietoisen ja tiedostamattoman aina
vaikuttunut Freudin kour yhdelle valolle - valoapimeydessä syvyys - psychologyi (1923 ,
s. .
1f) . Termejä, kuten ambivalenssi ja konfliktien conceptualile tämä piirre kuin
perustotuuksille
psykologia . Itse asiassa voisi väittää, että monetantithetical dynaamisen käsitteet ovat
suora conseguence Freudin recogniling kuinka tärkeä konflikti oli niin normaali-
patologinen kehitystä .

Siedetty RISTIRIITA (synteesi LASKENNALLISIA)
Lisäksi Freudin ajattelu on characteriled epätavallisen toleranssi epäjohdonmukaisuutta .
jos

kävit läpiPutkityöt tahansa kirjailija tuottelias kuin Freud , voisitte varmasti löytää
monia keskenään ristiriitaisia lausuntoja , ja monet ehdotukset , jotka ovat todella

ristiriidassa hänen perusoletuksia . Mutta se ei ole vaikea löytää muita syitäläsnäolo
epäjohdonmukaisuuksia Freudin työn lisäksi sen silkkaa irtotavarana, joka on valtava :
kannattavansa mitä esitän jäljempänä kuin seriatim theoriling ja hajanainen empirismi ,
jotka molemmat ovat selvästi odotettavissa miessuuntautuminen poispäin synteesi ,
jatunnusti epäjärjestys käsitteitä . Koska Jones asettaa se,
Hän kirjoitti helposti , sujuvasti ja spontaanisti , ja olisi ollut paljon kirjoittamasta
harmittava . . . . yksi hänen tärkeimmistä ominaisuuksista pwasq hänen
vastenmielisyyttä haittaavat tai kahleissa . Hän rakasti antaa itselleen jopa hänen
ajatuksiaan vapaasti , missä he ottaisi hänet , jättäen hetkeksi sivuun tahansa guestion
of tarkka määrittely ; että voitaisiin jättää uudelleen käsiteltäväksi. (1953 , s. . 33f .)
Totta, hän kirjoittaa ja tarkistaa useita hänen kirjoistaan monta kertaa . Onneksi
Standard Edition tarjoaavariorum tekstin ja tunnollisesti kertoo meille jokaisen
muutoksen ,
painos numeron . Se ei ole vaikeaa , siis characterile Freudin tyyli tarkistetut
opiskelutulkinta Unet ,Psychopathology Arjen ja kolme
Esseitäteoria Seksuaalisuus . Nämä kirjat , julkaistiin ensimmäisen kerran 1900-1905 ,
meni
kautta kahdeksan , kymmenen, ja kuusi versiot vastaavasti , ne kaikki sisältävät
lisäyksiä at
vähintään niinkin myöhään kuin 1925 . Siten ne ulottuvat ainakin kaksi merkittävää
jaksojen kehittämisessä
Freudin ajatus , myöspitkälle - muutos, malleja . Vielä yksi selvitys kattaa
Valtaosatarkistuksista : hän lisäsi asioita . Oli koskaan mitään perustavaa laatua
uudelleen ja juurikaan synteesi . Ehkä jos Freud ei ollut niinloistava
komento kirjallisen viestinnän niin, että hän oli harvoin edes kiillottaa hänen
ensimmäiset luonnokset , hän
olisi muokattu kirjoissaan perusteellisemmin kuin he menivät läpi uusia painoksia . at
eniten , hän lisäsisatunnaista alaviitteessä muistuttaayhteensopimattomuusjulkilausuma
myöhemmin oppeja . Jopa 7 luvuntulkinta Unet , Freudin kunnianhimoisin ja

tärkeää teoreettista työtä , jäi lähes koskemattomana lukuun ottamatta interpolointeja
jälkeentinkerings 1915 ja 1917 , että undidmahdollisuus topografisista regression
jälkeenkinulosheittämistä koko topografiamallia vuonna 1923 ja sen
korvaaminenrakennemalli , jota ei ole tarkoitus vartenconceptualilation minkään
täydellinen kognitiivinen prosessi . Todellakin, loppuun . Luku 7 sisälsi anachronistic
carry - vuodeltaneurologisia mallijulkaisemattomia kProject , i joka oli edeltänyt se
neljällä vuodella . Kaikissatarkistuksia , Freud koskaan poistaaraukeaa osaksi
viittauksia kneurones , i kpathways , i ja kguantity.i
Freud rakennettu teoria , siis paljon kuin Franklin D. Roosevelt rakennettuExecutive

haarahallitus : kun jotain ei toimi kovin hyvin, hän harvoin
reorganiled ; hän vain toimitetaan toinen agencyeor concepteto tehdä työtä . Sietää tätä
paljon epäjohdonmukaisuus varmasti ottiepätavallinen kyky viivyttääkun
gratificationhallittu ja johdonmukainen , loogisesti johdonmukainen teoria voisi olla
saavutetaan . Vertaa hänen itsensä - characterilation seuraavassa kirjeessä Andreas -
Salomen
1917 ; hän oli erottuva itsensä kthe järjestelmä - buildersi Jung ja Adler .
. . . olet huomannut , kuinka työskentelen , askel askeleelta , ilmansisäinen tarve
valmistua , jatkuvasti paineen allaongelmista välittömästi käsillä ja ottaen ääretön kipuja
ei saa poiketapolkua . (1960 , s. . 319)

Seitsemän vuotta aikaisemmin hän oli kirjoittanut Jung :
Huomaan, että sinulla on sama tapa työskennellä kuten olen : ollavaroa missä tahansa
suuntaan tunne vetoa eikä otaselvää suoraviivainen polku. Mielestäni on paras tapa
myös, koska yksi on hämmästynyt myöhemmin löytää miten suoraan niille mutkitellen
johtioikeaan alanurkkaan . (tuoted Jones , 1955 , s. . 449)

Voit seurata vaistoaan empiirisesti , lisäämälläteorian mitä palasia pitää

karttuu pitkinwayethis olimenettely , jolla Freud tuntui kotona , hänen uskonsa , että
lopultatotuus voittaisi .

Käsitykseen tieteellinen menetelmä ja käsitteitä
Tämä asenne olipala Freudin perusajatuksen tieteellisen työn . tiede
oli ennen kalkkeakysymys empiirisiä havaintoja , jotka hän yleensä vastakkain
keinottelunjälkimmäisen häpeäksi . Kuten Freud raskaaksi se ,keinottelua, tai filosofisia,
järjestelmä alkoi kclear ja terävät peruskäsitteet , i (1915a , s. . 117) ja rakennettu
Tämän ksmooth , loogisesti luovuttamaton foundationi (1914 , s. 77).kcomplete ja
valmis - tehdyt
teoreettinen rakenne , i (1923 , s. . 36), joka voisi keasily pujahtamaan olemassaolon
täydellinen , ja
sen jälkeen edelleen unchangeablei (1906 , s. . 271) . Mutta kno tiede , ei
edeskaikkein tarkka , i
toimii näin:
Tosi alussa tieteellisten toiminta koostuu pikemminkin kuvataan ilmiöitä ja
sitten siirrytään ryhmään , luokitella ja korreloida niitä . Jo siinä vaiheessa,
Kuvaus ei ole mahdollista välttää soveltamalla tiettyjä abstrakteja ideoitamateriaalia
käsi , ideoita peräisin jonnekin tai muuta , mutta ei varmasti uudelta
havaintoja yksin . . Niiden on aluksi välttämättä ole jonkinasteista
epämääräisyys ; . tulemmekäsitys niiden merkitys tekemällä
Toistuvat viittauksetmateriaalin havainnointi , josta ne on ilmeisesti saatu , mutta joihin ,
itse asiassa ne on otettu käyttöön. . . . Vasta enemmän perusteellisen tutkimuksenalalla
havainto, että pystymme muotoilla tieteen peruskäsitteet, tieteellisen lisääntynyt
tarkkuus , ja vähitellen niin muuttaa heille, että he tulevat huollettavissa ja

johdonmukainen laajalla alueella . , Niin todellakinaika saattanut tulla kahlehtisivat
määritelmiin . Etukäteen tietoa , mutta ei siedä mitään jäykkyyttä edes määritelmiä . (
1915a , s. . 117)

Kun puuttuauusi aihe , siis :

Sen sijaan, alkaenmääritelmän , se näyttää enemmän hyötyä aluksi viitteitä

vaihteluvälinilmiöiden tarkastelu , ja valita niistäharvoista
erityisesti silmiinpistävää ja ominaisuus tosiseikat , joihin meidän enguiry voidaan
kiinnittää . (1921 ,
s. . 72)

Tämän jälkeen mitään psykoanalyyttinen inguiry on
. löytää tiensä askel askeleelta tiellä kohti ymmärrystä koukeroita mielen
tekemälläanalyyttinen leikkelyn sekä normaalin ja epänormaalin ilmiöitä . (1923 . S. . 36)
Mutta koskamonimutkaisuus sen aihe , psykoanalyysi voi toivoa guick onnistumisia :
Satunnaisia Intricacy kaikki tekijät , jotka on otettava huomioon jää vain
yksi tapa esittää niitä auki meille . Meidän täytyy valita ensin yhden ja sitten toisen
pisteen
katsottuna , ja seuraa sen materiaalin läpi , kunhansoveltaminen näyttää
tuottaa tuloksia . Jokaisen erillisen aiheen käsittely on epätäydellinen itsessään , ja
ei voi epäonnistua olla epäselvyyksiä , jos se sivuaa materiaalia, joka ei ole vielä
käsitelty; mutta voimme toivoa , ettälopullinen synteesi johtaaymmärtämiseksi .
(1915b , s. . 157f .)

Totuus , kun saavutettu , on yksinkertaisempi :
... Meillä ei ole muuta tavoitetta kuin että kääntää teoriantulokset havainto , ja me kiellä,
etteikö mitään velvollisuutta voimme saavuttaa meidän ensimmäinen yrityshyvin -
pyöristetty teoria joka suosittelen itse sen yksinkertaisuus . Meillä on
puolustaakomplikaatioita meidän teorian kunhan huomaamme, että ne täyttävättulokset
havainto , emmekä luopua odotuksia vetäminälopussa näiden hyvin
komplikaatioitalöytösellaista asiaintilaa , kun taas yksinkertainen sinänsä voi selittää
kaikkiakomplikaatioita todellisuuden . (1915c , s. . 190)
Freud näin osoittanutkykyä sietää , lisäksi epäjohdonmukaisuus ja viiveet
huomattavia käsitteellinen epämääräisyys tai,terminologiaa tänään , epäselvyys . Kit
totta, en hän oli valmis myöntämään , kthat käsitteitä kuten ettäego - libido ,energia

ego - vaistot , ja niin edelleen , eivät ole erityisen helppo tarttua , eikä riittävän rikas
content.i kuitenkin psykoanalyysi olisi kgladly tyytyä epämääräistä tuskin
kuviteltavissa peruskäsitteet , jonka se toivoo kiinniotto selvemminsen harjoittaessa

kehitystä , tai mikä se on edes valmis korvautuvat othersi (1914 , s. 77) . . Huomautus velvoite totesi täällä , joka seuraa tarpeeksi selvästi hänen kantaa määritelmä , määräajoin käsitteellinen inventointi; jos johdonmukaisia ja hyödyllisiä määritelmiä koskaan saostua pois ,käsite tulisi luopua. Kuten olemme nähneet , mutta tällainenprosessi säännöllisen tarkastelu oli silmällä jo ristiriidassa Freudin tyyli työ ja ajattelua , ja hän harvoin hävittää käsitteitä , kun hän lisäsi uusia. Se onhieman surullinen , mutta ei yllättävää , löytää että vaistot , joka vuonna 1915 (1915a , s. . 117F .) olivat kathetki . . . edelleen hieman hämärä , minä olimme characteriled 1f vuotta myöhemmin kmythical yhteisöjä , upea niiden indefinitenessi (1933 , s. . 95) .
Muutama vuosi sitten päätin kokeilla käteni tässä seulomalla prosessia , ottamalla yksi Freudin keskeinen, mutta tantalilingly huonosti - määriteltyjä käsitteitä (sitoutuminen Cathexis , katso Holt , 1962) ja seuraavat sitä kautta hänen kirjoituksiaan nähdä millaista määritelmää syntynyt .
työ löytää ja lajitteluyhteyksissä , joissa se tapahtui , ja educing14 eri merkityksiä , että pystyin discernel löytänyt vielä toiset vuodesta thenuewas suuri tarpeeksi, jotta minut realile että jos Freud oli sitoutunut työskentelemään oman teorioita yli
jatkuvasti tällä tavalla , muutaman vuoden kuluttua hän ei olisi ehtinyt analyle enää potilaille , saati kirjoittaa mitään uutta . On totta , pystyin seuloa poisydin merkitys oma tyytyväisyys , mutta jää nähtäväksi, monet psychoanalysts on vakuuttunut siitä, että heidän pitäisi luopuamuista Dolen tai niin erityyppiset käyttö .
Kanssa Freudin
vapaa - ja - helppo esimerkki ennakkotapaus , jotkut on helppo perustella lykännytpahan päivän

kun ehdot alkaa olla selvä , rajoittavia merkityksiä .
Toistaiseksi olen emphasiledtietoisesti väliaikainen , alustava luonne Freudin theoriling , hänen määrätietoinen abjuring kaikista yritetään rakentaatäydellinen ja sisäisesti johdonmukaisen järjestelmän, hyväksi hajanainen Empirismin insteadeguitetoisinnäkemys Freudindogmaattinen systematist kukapa siedä mitään poikkeamaajäykkä kparty linja " of theoryu Silti tämä yleistä käsitystä juuret ovat itse asiassa myös . Yksi asia, Freud näyttää olleenvaihteleva , koskaan nimenomaisesti normisto siitä, mitä osia psykoanalyysin oli näytetty toteen , jonka vain hän voi muuttua rangaistuksetta , ja mitä osia olivat muutettavissa muut. Uskollisena agglutinative periaatteen tarkistamista , hän oli tyytyväinen lisäyksiä niin kauan kuin ne eivät nimenomaisesti edellyttävät uudelleenarviointia käsitteitä ja ehdotuksia , jotka olivat tulleet näyttävät perus-ja tarpeellista . Siten Adler ajatukset urut alemmuuden jatahto

valtaan olivat hyväksyttäviä , kunnesopetuslapsi alkoi vaatimalla, että he ottivat yhteenlibido teoria ja vaativiimeksi mainitun voimakkaasti muuttamaan .

TYYLI theorizing
Tuite syrjään Freudin suhteessa muiden panoksesta (asia , joka on tietenkinpaljon monimutkaisempi kuinedellä Lyhyen keskustelun voi tuntua merkitse) , on perustakäsitys Freudinepäkäytännöllinen dogmatist tietyissä tyylillinen erityispiirteet oman theoriling . Saanen summarile ensin ja sitten laajentaa , jossa
esimerkkejä . Freud oli ihastunut jossa asiat Kas näin olisi, dogmaticallyeineniten ytimekäs
muodossa jakaikkein uneguivocal termsi (1940 , s. . 144) ; todellakin , liioittelu oli yksi hänen
suosikki retorisia keinoja . Kun hän ajatteli, että hän vilaukseltaluonnon laki , hän totesi sen
on laajat universalismia ja yleisyyttä . Hän oli myös ihastunut ulottuu käsitteitä

rajoilla mahdollista soveltamista , ikään kuin venyttelyvaltakunnassa ilmiöitä virittämä konsepti olitapa tehdä se enemmän abstrakteja ja hyödyllistä . Hänen laite paeta vaaroista yksinkertaistus , joka tätä mallia paljasti hänet oli seurata yhtä tasainen julkilausuma toinen, joka qualified sen osittainen ristiriita . Näin ollen , epäjohdonmukaisuus monissa Freudin esityksiä on vain näennäinen . Hän oli aivan hyvin
tietoinen siitä, että yksi lausuma undid toiseen , ja käytetään kuten seguences kuin tapa antaa
rikkaasti monimutkainen käsitys kasvaalukijan mielessä kuin seikat eivät käyttöön yksi kerrallaan .
Täällä on siis yksi syy , miksi Freud on kerralla niin ilahduttavan helppo lukea , ja niin helppoa
ymmärretty väärin , varsinkin kun lausunnot asiayhteydestään . Hänen näkemyksensä ihmisen käyttäytyminen oli poikkeuksellisen hienovarainen , monimutkainen , ja monet - kerroksellinen ; jos hän olisi yrittänyt asettaa sen
esiin lauseita rinnakkaisia monimutkaisuus ja hierarkkinen rakenne , hän olisi tehnyt Tohtori Johnson näyttää Hemingway . Sen sijaan hän kirjoittaa yksinkertaisesti , suoraan , voimakkaasti ; hän
dramatiles grand liioittelua , jossa määritellään kova musta hahmotellaan , mitä hän katsoo
perus totuusasiasta kuinlukijan alustava linjaus . Sitten hän täyttää varjoja ;
tai toinen rohkeasti yksinkertainen aivohalvaus , yhtäkkiä osoittaa, että lomakkeet on sijoitettu eri
lentokoneita . Vähitellen ,kolme - kolmiulotteinen todellisuus hahmottuu silmien edessä , joka
osaa lukea Freud .

Tässä onesimerkkialoitusmaksu lausuman , jonka jälkeen gualifications :
Tapa, jolla unet hoitoon luokkaan haitteita ja contradictories on erittäin merkittävä . Se
on yksinkertaisesti huomiotta . "Ei" ei näytä olevan olemassa , koska unet ovat
huolissaan . (1900 , s. . 31f)

Olen väittänyt edellä , että unet ei ole keinoja ilmaistasuhde

ristiriitaa ,päinvastoin tai"ei ". Olen Siirrymme antaaensimmäisen kieltämisen tätä
väitettä. vThe ajatus hjustkäänteinen " plastisesti edustettuina jotain kääntyi sen
tavallisesta suunnasta .) (s. 326)
...Hhnot voivat tehdä somethingn tässä unessa olitapa ilmaistacontradictionea hno'e ;
niin että minun aiemmin esittämänsä näkemyksen , että unet ei voi ilmaistannon
reguires korjaus , (s. 337)

(Kolmas ndenialn ilmestyy s. . 434 .)

Kenties vieläkin tuttu lakaistaan generalilation onseuraava :
Psycho --- analyysi on syystäkin epäluuloinen . Yksi sen sääntöjä on , että mitä tahansa
keskeyttääedistymistä analyyttinen työ onvastus . (1900 , s. . 517)
Harvemmin guoted on Freudin alaviite , jossa hän tekee tämän statementeso
raivostuttavaa monetanalylanduemore maittavaa ; se on
. helposti harhaanjohtava . Se on tietysti vain pidettävätekninen sääntö ,
varoituksena analyytikot . Sitä ei voida kiistää , että aikanaanalyysin eri
tapahtumia voi esiintyävastuun , joita ei voida säätää , kun potilaan
aikeet . Hänen isänsä voi kuolla ilman, että häntä murhasi hänet ; taisota voi rikkoa
mitkä tuoanalyysinloppuun . Mutta takana sen ilmeinen liioittelua
ehdotus on väittää jotain sekä totta että uusia . Vaikka keskeyttämättä tapahtuma on
todellinen ja riippumatonpotilaan , se riippuu usein hänelle, kuinka paljon
keskeyttämiseen se aiheuttaa ; ja kestävyys näyttäytyy erehtymättömästi
vuonnavalmiudessa
jonka hän hyväksyyesiintyminen tällaista tailiioiteltuja käyttöä , jonka hän tekee
Euroopasta
se . (alleviivaus lisätty)
Aivan liian usein (ja valitettavasti vaikea havainnollistaa tätä guotation)
,pehmeneminen
lausuman alkamista seuraavien overgeneralilation ei ole nimenomaisesti huomautti ,
saa
seuraa hyvin pian , tai sitä ei ole ilmeisesti toisiinsa. Saat Freud , mutta tämä olitietoinen
strategia tieteellisen etukäteen ; muodonmuutosten tieteellisen lausunnon ovat kehitys ,

ei kierrosta . Laki, joka pidettiin aluksi yleispätevä osoittautuuerikoistapauslaajempi yhtenäisyys tai rajoittaa toisen maan lakia , ei löydetty till myöhemmin ; karkea lähestulkoon totta korvataanhuolellisemmin sovitettu yhteen , mikä puolestaan odottaa edelleen parantamassa (vrt. 1927 , s. . 55) .
Monia esimerkkejä lausuntoja muotoiltu pidätti liioittelua voidaan helposti mainittu .
Pohjalta analyysimmeego sitä ei voida epäillä , että tapauksissa maniaego jaego ihanteellinen ovat sulatettu yhteen . (1921 , s. . 132)

. . . hysteria . . . koskee ainoastaanpotilaan tukahdutettu seksuaalisuus . (1906 , s. . 27F)
. Kukaan ei voi epäillä , ettähypnotisoija on astunuttilalleego ihanteellinen. (1921 , s. . 114)
On varmaa , että suuri osaego on itse tajuton , ja erityisesti mitä voimme kuvata sen ydin ; vainpieni osa sitä on tarkoitetaan termillä kpreconscious.i (1920 , s. . 19)

Strachey liittääseuraavat melko huvittavaa alaviitteessäyllä oleva kappale : Nykymuodossaan tämä lause on vuodelta 1921 . Vuodenensimmäinen painos (1920) se juoksi : pakki voi olla, että suuri osaego on itse tajuton ; vainosa siitä , luultavasti , kuuluu termin hpreconscious " . i

Tässä tapauksessa se kesti vainvuodenvarovaisia todennäköisyys tullavarmuudella . Muissa tapauksissa , liioittelu on muodoltaanväitetaustalla yhtenäisyyden jossa vainkorrelaatio havaitaan :
Kaikki nämä kolme erilaista regression ptopographical , ajallisen ja formalq ovat kuitenkin
yksi alhaalta ja esiintyä yhdessä pääsääntöisesti ; mitä on vanhempi aika on enemmän primitiivinen
muodoltaan ja meedio topografia sijaitsee lähempänähavainto loppuun . (1900 , s. . 54F)

Aivan liian useinlakaistaan muotoilu on muodoltaantoteamaan, että jotainOidipuskompleksi on universaali . Uskon, että Freud oli vähemmän kiinnostunut tekemäänempiristä generalilation hänen vähän tietoa kuin haparoiden tällä tavallaperus luonnon laki . Kuten Jones summarileskirjeellä 15. lokakuuta 1f97 , jotta Fliess ,
Hän oli löydetty itsensäintohimo äitinsä ja mustasukkaisuus isänsä ; Hän oli varma, että tämä oliyleinen inhimillinen ominaisuus ja että siitä voisi ymmärtäävoimakas vaikutusOidipus legenda . (Jones , 1953 , s. . 326)

Jälleen neljä vuotta myöhemmin , hän generaliled yleisesti hänen omassa asiassaan :
On siis kulkee ajatuksianijatkuva virta " henkilökohtaisista " ja
jota en yleensä ole aavistustakaan , mutta joka pettää itseään tällaisissa tapauksissa minun
unohtamatta nimiä. On kuin olisin pakko verrata kaiken kuulen muiden

ihmiset itseni kanssa ; ikään kuin minun henkilökohtainen komplekseja
asetettiinvaruillaan aina
toinen henkilö on tuonut minun ilmoitusta . Tämä ei voi ollayksittäisen
Erikoisuus oman : sen on pikemminkin oltava mainintatapaamme
ymmärtää ksomething muuta kuin itsestämme " yleensä. Minulla on syytä olettaa,
että muut ihmiset ovat tässä suhteessa hyvin samankaltainen minulle . (1901 , s. . 24)
Nykyajan psykologi , koulutettu varovaisia generaliling pienistä
näytteitä , se näyttää uskaliaita pisteen uhkarohkeutta hypätä itse - havainnosta
yleinen laki . Mutta Freud oli rohkaistuihyvin se, että hän oli tekemisissä elintärkeää
kysymyksiä :
Tunnenperustavanlaatuinen vastenmielisyys kohti ehdotus, että minun päätelmät
pabout
seksuaalinen etiologiaa neurosisq ovat oikein , mutta vain tietyissä tapauksissa . . . Se
ei ole kovin
hyvin mahdollista . Kokonaan tai ei ollenkaan . He ovat huolissaan niin perustavia
kysymyksiä
että he eivät voi olla voimassa yhdet tapauksissa vain . . . . On vain meidän
apporttiomaisuutta vastaan tai muuten
mitään tunnetaan . Ihastunut sinun täytyy olla samaa mieltä . Joten nyt minulla on
tunnusti kaikki minun fanaticismu (Kirje Jung , 19 huhtikuu 1909 , Jones , 1955 , s. .
439)

Muista myös ,että Freudin alkuperäisestä tieteellisiä toimia huomattavasti
varhennetunkeksintö tilastojen Otantateoria tai koeasetelma . Hänen alkuaikoina , kun
hän oli varmin roolissaan tiedemies , Freud opiskeli neuroanatomian mikroskoopin , ja
kuten hänen kunnioitetaan opettajien ja kollegoiden generaliling vapaasti ja
automaattisesti näytteistä oneu
Silloinkin , muistaa, että Freud olipromulgator periaatteen exceptionless
determinismi psykologia : kaikilla käyttäytymisen olivat lainmukaisia , hän uskoi , mikä
teki
hänen on helppo sekoittaa ()yleispätevyyttä abstrakteja lakeja ja käsitteitä
(b)universaali esiintyminen empiirisesti havaittavissa käyttäytymiseen seguences .
Lopuksi , olemme niin tottuneita harkitsee Freudkpersonality teoreetikko " että
unohdamme kuinka vähän kiinnostunut hän oli yksilöllisiä eroja verrattuna yleisiä
periaatteita . Hän kirjoitti kerran Abrahamille :
kPersonality " . . . onmelko epämääräinen ilmaisu otettu pinnasta psykologiaa , ja se ei
edistä paljon ymmärrystäreaaliprosesseja eli metapsychologically . (tuoted Jones ,
1955 , s. . 43F)
Huolimatta siitä, että hän kirjoitti suuren sairauskertomuksiin , hän käytti niitä
kuvailemaan abstrakteja muotoiluja , ja ei ollut vakuuttunut siitä,tieteellistä arvoa tai
etuayhtään tapausta lukuun ottamattamahdollista ideoiden lähteenä .
Haluja generalile yleistävästi voidaan nähdä myös Freudin taipumus
venyttäärajoja hänen käsitteitä. Paras - tiedetään , etten sanoisi tunnetuin esimerkki on

että seksuaalisuuden . Hänen aikaisintaan paperit ,ksexual etiologiaa neuroosi " tarkoitti kirjaimellisesti
viettely , aina mukanastimulaationsukuelimiin . Pikemminkin guickly , Three

Esseitä ,konseptia laajennettiin , ensimmäinen, joka sisältää kaikkikpartial asemat , i perustuva
suun, peräaukon , ja fallos - virtsaputken erogeeninen Lones sekäsilmä (varten tirkistely ja
exhibitionism) . Mutta kun hän havaitsi tapauksia , joissa muita kehon osiin näytti
palvelevat toiminta sukupuolielimet, Freudin laajennettu käsite erogeeninen yksinäinen
sisällyttää ehdotukseen, että kaikki osat ihon , sekä kaikkiherkkiä sisäelimet ,
saattaisivat johtaa seksuaalinen heräte . Edelleen , Kall suhteellisen voimakas
affektiivinen prosesseja , jopa pelottava ystävät, kaivannon päälle sexualityi (1905b , s. .
203) ; ja lopuksi :
Saattaa hyvinkin olla, että mikään huomattava merkitys voi esiintyäorganismin
vaikuttamatta jokin komponentti virityksestäseksuaalista vaisto , (s. 205)
Vastaava prosessi näyttää menneen päälle Freudin hämärtyminenerottelua
eri ego vaistot , ja että välillä ego vaistot ja narsistinen libido , joka oli
ratkaista hänen viimeinkin kaiken yhteenkäsitteeseen Eros ,elämän vaisto.

TYÖSKENTELYTAPA
Ottaa toistaiseksi katsastettu joitakin yleisiä piirteitä Freudin ajattelu ja hänen tyyli
tieteellinen theoriling , olkaamme nyt kysyä, miten hän työskenteli hänen tietojaan .
Toistaiseksi olemme nähneet vain
että hän painotti tarkkailunensisijainen väline tieteellisen empirismi . hänen
tärkeää potilaan , muistakaamme , oli itse . Hänen itsensä - analyysi (erityisesti aikana
myöhään 1f90 n) , hän teki perustavanlaatuinen löytöjä :merkitys unia,Oidipus
monimutkainen, lapsuuden seksuaalisuus , ja niin edelleen . Tämä seikka pitäisi
muistuttaa meitä hänen lahja itse -
havainto . Se oli tietystiikä koulutettu itsetutkiskelun kuintieteellinen menetelmä
akateemista psykologit ; mutta se oli taas jotakin muuta . Freudin itsensä --- havainto oli
tällaista kutsumme psykologisesti - minded ; hän ei Phenomenologist , utelias

raaka givens kokemus tai kiinnostunut analylingtietojen tajunnan niiden kpresentational
välittömyys " (Whitehead) . Silloinkin, kun haetaan sisäänpäin , hän yritti
tunkeutuapintaa , mitä hän löysi sieltä , etsiä syitä kannalta toiveita , vaikuttaa , toiveita ,
fantasioita , jatähteet lapsuuden emotionaalisia kokemuksia . Mieti, kuinka pikkuinen
koskaan kuullut tällaisista asioista alkaen Wundt tai Titchener , ja käy ilmi, että Freudin
kognitiivinen tyyli ollut merkitystä hänen unigue käyttöönyhteinen väline .
Havainto , kun sitä sovelletaan hänen muille potilaille , joka on tarkoitettu ennen kaikkea
käytön free
yhdistys . Potilasta kannustetaan kertomaan kaiken itsestään ilman

sensuuri , jottaanalyytikko voisi tarkkailla suoraantaistelu noudattamaan tätä
näennäisen yksinkertainen reguest , ja tarkkailla välillisestilaajimman valikoiman tärkeitä
elämän
kokemuksia raportoitu . Mutta nämä terapeuttisesti merkittäviä tosiseikkoja , javielä
enemmän
tärkeä ilmentymiätransferenssia joka kehittyitodellinen ihmissuhde
tilanteen hoidon , tyypillisesti haudattiinheinäsuovasta triviaaleja yksityiskohtia . Freud
vastaavasti piti kehittää itsensähyvin valikoiva väline, joka samaan
aika oli mahdollisimman paljon harhaa . Ratkaisu hän teki , ettäkevenly -
keskeytetty huomiota " (1912a , s. . 111) , sovitettu sen näennäisestä
unselectivenessasenne
kehotettiinvapaasti assosioida potilas ; molemmissa ,teoria vahvisti, ettäprosessi
keskeyttämisestä perinteisten standardeja tietoisen tuomion antaisi tajuton voimat
tuotannon ohjaaminen jatietojen vastaanottamisesta . Vainmiesperus luottamusta
syvyyksiin omassa olemuksessaan olisi ollut valmis päästämään hänen tajuissaan
älykkyys osittain
luopumaan tällä tavalla .

Pääasiallinen toimintaanalyytikko , Freud osoitti , tarjosi tulkintoja

potilaan tuotantoja . Tavallaan nämä muodostavat ensimmäisen tason conceptualilation
(eliensimmäinen tietojen käsittely) samoin kuinintervention , joka on laskettu tuottavan
edelleen ja muuttaa materiaalin potilaasta. Myöhemmissä käsittelykertyneitä
tietojatapauksessa ja todellakin muita tietoja , tulkinta on keskeinen rooli ; joiltakin osin ,
se on mitä antaa psykoanalyysin sen unigue luonnettatila inguiry ihmisen käyttäytymistä .
Onko Freud tarjositulkintaa potilaalle tai vain käyttää sitä hänen muotoilussa olennaiset
piirteettapauksessa se kesti useingeneettinen muotohistoriallinen jälleenrakentamiseen
seguences kriittisten tapahtumien potilaan menneisyyden . Tässä
näemmeluonteenomainen piirre Freudin ajattelu :käyttö historiallisia (eikä
epähistoriallinen) syy . Koska Kurt Lewin ,muoti psykologian on ollut vahvasti
epähistoriallinen syy , vaikkaon historiallinen asiakirja on hiljattain voimakkaasti
väittäväterittäin hienostunut tapa (Culbertson , 1963) .
Kuten Freud käyttää tulkinnan suppeassa merkityksessä , se oli lähinnäprosessi
käännös , jossa merkityksiäpotilaan käyttäytymistä ja sanat korvattiin
pienempi joukko muita merkityksiä mukaan enemmän tai vähemmän määriteltävissä
säännöt (Holt , 1961) . mutta
nämä säännöt olivat irti ja erikoinen , sillä he sisällytettyoletus, ettäpotilaan
viestinnän olivat joutuneetjoukko (lähinnä puolustava) vääristymiä mukaan
irrationaalinen ensisijainen prosessi . Analyytikon työtä , siksi oli kääntäävääristymiä
dekoodaamisessapotilaan tuotantoja , jotta erottaaluonne alitajuntaansa
konflikti ja hänen liikennemuotojen kamppailevat heidän kanssaan . Se on
siismenetelmä löytö . kanssa
vähäisiä lukuun ottamattauseita toistuvia symboleja,säännöksiä tällaisesta dekoodaus
voidaan

todetaan vain yleisesti , japaljon jääanalyytikon luova käyttö oman pääprosessissa .

Tulkinta on siis tietenkin vaikea käyttää ja helppo väärinkäyttö , kuten Freud tiesi aivan hyvin . Yksi hänen suosikki kritiikkiä toisinajattelija entisen seuraajia oli , että niiden tulkinnat olivat mielivaltaisia tai kaukaa haettu .
Mitä sitten , olivat hänen erotteluperusteiden syvä ja oivaltavia pelkästä kireät ja kauko interpretationsseniten yksityiskohtaisia keskusteluja , jotka olen löytänyt on
Tämän guestion juontavatkeskellä 1f90 -luvulla, jolloin Freud puolusti hänen teoriansa , että
neuroosi aiheuttitukahdutettu trauma seksuaalisten viettely lapsenkengissä . hän antoi useita kriteerejä , kutentyyppi ja määrä vaikuttavat ja vastus osoittaneet , jolla hän varmistettu,tulkintoja (tai historiallisten rakenteilla) , että hän tarjosi potilaiden tämänsuuntaisia olivat voimassa , ja uskoaraportit jotkut niistä , jotka Alkustimuloinnin hänet esseen tätä lähestymistapaa . Silti kuten tiedämme , mikään näistä oletetaan
suojatoimet oli riittävä ; Freud lopulta päätti hylätäkrecollectionsi kuin fantasiat . Jos haluat
tämä päivä tarjoaa arviointiperusteet tulkintoja on edelleen yksitärkeimmistä ratkaisemattomia metodologisia ongelmia kaikissa kouluissa psykoanalyysin .

Menetelmä on osoittaa PISTEET (todentaminen)
Kun hän oli tehnyt tulkintoja ja geneettinen selityksiä hänen erilaisia tietoja hänen omaksi ilokseen , Freud oli muodostunut hänen pääasiallinen hypoteeseja . Nyt hän ryhtyi osoittautumassa niitä . Tutkikaammetapoja hän yritti perustaa hänen pisteitä marshaling todistajankuulustelunsa ja hänen perustelujaan .
Yllättäen hän usein pohjimmiltaan tilastollinen päättely tehdä hänen pistettä . Totta, se vie yleensäyksinkertainen muoto varmistaalukija , että hän on nähnytilmiötä guestion toistuvasti :

Jos se olisiguestion yhden tapauksen vain kuten että potilaani , voisi olankohautuksella se sivuun . Kukaan ei olisi unelma pystyttämisen yhteydessäyksi havaintouskomus mikä merkitsee tällaisenratkaiseva linja . Mutta sinun täytyy uskoa minua, kun Vakuutan teille, että tämä ei ole ainoa tapaus kokemukseni . (1933 , s. . 42)
Monet psykologit näyttävätvaikutelman, että Freud freguently perustuu suurten ehdotuksia yksittäisistä tapauksista ; mutta olen huolellisesti etsinyt kaikki hänen merkittävä tapaus historiat
tapauksissa , ja löytänyt none.5 Hän kirjoitti joDoran osalta , kA yksittäinen tapaus voi koskaan kyetä todistaalause niin yleisiä, että tämä onei (1905c , s. . 115) . hänen

aikaisintaan psykoanalyyttisen paperit , Freud uudestaan ja uudestaan guoted tilastoja
kuten
seuraavat :
. minun väitteeni . . . tukeese, että joissakin kahdeksantoista tapauksissa hysteria olen
voinut löytää tämän yhteyden jokaisessa oire , ja josolosuhteet sen sallivat , hyväksy se
terapeuttinen menestys. Epäilemättä voi nostaavastalauseen , ettäyhdeksännentoista
taikahdeskymmenes analyysi ehkä osoittaa, että hysteerinen oireita ovat peräisin
muista lähteistä , ja siten vähentääyleispalvelun pätevyyttäseksuaalisen etiologia yhteen
kahdeksankymmentä prosenttia. Kaikin keinoin anna meidän odottaa ja katsoa ; , mutta
koska näitä kahdeksantoista tapaukset ovat samaan aikaan kaikkitapaukset , joihin olen
voinut suorittaatyön analyysin ja koska niitä ei poiminut kukaan minun mukavuutta ,
löydät sen ymmärrettävää, että en yhdy tällaiset odotukset , mutta olen valmis
päästämään uskoni ajaa ennentodistusvoiman havaintojen Olen tähän mennessä
tehnyt . (1f96 , s. . 199f .)
Boring (1954) on huomauttanut , että tällainenkäyttö tilastollinen päättely kuin tämä,
Freud
ei etukäteen pidemmälle Millin menetelmä sopimuksen , joka on hänen kaikkein
alkeellisimpia ja vähiten
luotettava canon induktio . Paperiteollisuuden äsken guoted , Freud katsoi
mahdollisuus käyttääydin tehtaan suositellaan yhteinen menetelmä sopimuksen ja

5 Ks kuitenkin esimerkkejä hänen generaliling vapaasti itsestään - havainto .
Ilmeisestiluonnostaan pakottavia luonne havainnoiva tietojen syrjäytti hänen yleistä
varovaisuutta .

erimielisyyttä . Se vastusti hän sanoo , että monet lapset ovat vietteli mutta ei tullut
hysteerinen , jonka hän sallii ollakseen totta vaarantamatta hänen väitteensä ; sillä hän
vertaa viettelyubiguitous tuberkkelibasilli , joka on kinhaled selvästi enemmän ihmisiä
kuin on todettu sairastut of tuberculosisi (s. 209) , muttaBacillus onerityinen
tekijädiseaseeits välttämätön muttei riittävä syy. Hän harkitsi mahdollisuus, että voi olla
hysteerinen potilaille, jotka eivät ole läpikäyneet viettely mutta quickly hylkäsi sen ;
tällainen tarkoitus tapauksia ei ollut psychoanalyled , jotenväite ei ole näytetty toteen .
Lopulta siis Freud yksinkertaisesti väitti tiensä ulostarvetta harkita mitään , mutta oman
tautitapauksia, ja oli näin ollen voinut käyttää tilastollinen päättely millään vakuuttavaa
tai pakottavaa tavalla .
Itse asiassa , viittauksia hänen papereita numerot käsiteltyjen tapausten keskeytti lähes
kokonaan jälkeen 1900 ; sen sijaan , yksi toteaa varmoja guasi - quantitative
patenttivaatimuksen tällaista : kThis löytö , joka oli helppo tehdä , ja voidaan vahvistaa
niin usein kuin yksi halunnut. . . i (1906 , s. . 272) , tai tällaisista vakavista varoituksista
kuin tämä :
Opetukset psykoanalyysin perustuvatlukematon määrä havaintoja
ja kokemuksia , ja vain joku, joka on toistanut nämä huomautukset itse
ja muille on voinut saapuatuomion oman sille . (1940 , s. . 144)

Pitkällä guotation alkaen 1f96 yläpuolella , huomaatulo toinen ominaisuus tilassa perustelua käytetään usein Freud :teoria on osoittautunut sen terapeuttisen onnistumisia . Joskus todetaan , mitä olemme nähneet olevan ominaisuuden liioittelu : Se, ettätechnigue psyko - analyysinavulla on todettu , jonkavastavoima pof anticathexis vuonna repressionq voidaan poistaa jaideoita guestion tehnyt tietoisesti tekee tämän teorian kiistattomia . (1923 , s. . 14)

Voisin guote monia kohtia, joissa samoja yleisiä tyyppinen argumentti on tehty : Freud mainitsee kproofi tai kconfirmationiolosuhteista , joka ei palvella parantaatodennäköisyyttä , ettälausuman on totta , mutta ei naulata se alas kurinalaisesti . Äärimmäisenä keinona todisteita , sillä Freud , oliyksinkertainen ostensive yksi : Meille kerrotaan, ettäkaupunki Constance sijaitseeBodensee . Opiskelija laulu lisää : kif et usko sitä , mene ja katso . " Satun ollut siellä ja voi vahvistaa sitä, R (1927 , s. . 25) Monin paikoin Freud sovelsi tätä perusperiaatetta todellisuuden testausta psychoanalysise jos et usko , mene ja katso itse ; ja kunnes olet ollut analyled ja mielellään myös on koulutettu suorittamaan psychoanalyses toisten itse, sinun ei enää ole perusteita olla skeptinen . Freud ei ymmärtänyt, ettäpromulgator onväite vie itsensätodistustaakka siitä. On epätodennäköistä, että hän koskaan kuullutnollahypoteesin ; varmasti hänellä ei ollut käsitystäkehittyneitä menetelmiä , että tämä outo termi connotes . Useissa paikoissa , hän , ikäänkuin silmällä jo viattomasti paljastaa tietämättömyys , että empiiristä ehdotuksia otetaan vakavasti , ne olisi periaatteessa kumottavissa . Esimerkiksi kun väittäen, että ka toive , joka on edustettunaunelma oninfantiili yksi , i (1900 , s. . 553 ; painopiste on Freudin) , hän huomauttaa : Olen tietoinen siitä, että tätä väitettä ei voida todistaa pitää yleisesti ; mutta se voidaan todistaa pitää freguently , vaikka aavistamaton tapauksissa , ja sitä ei voida kumota silläyleisempää ehdotusta . (1900 , s. . 554) Ainakin tässä kohdassa hän osoittirealilation ettäuniversaali ehdotus ei voida todistaa ; mutta myöhemmin hän oli viitata toiselle tällaiselle

vahvistettua sääntöäunien tulkinta . . . pasq koska vahvistanut arvaamattomaan epäilystäkään , että sanat ja puheet unessa - sisältöä ei juuri muodostu. . . (1917 , s. . 22f) Totta, jokainen tuore esimerkkiväitti universaali ehdotus ei vahvista sen uskottavuutta ja todennäköisyys, että se on luotettava . Jos pidämme mielessä, että mitään muuta tarkoitetaan psykoanalyyttisessa kirjallisesti väitteet todiste , meillä on suhteellisen turvallinen maa . Freud ei yleensä kirjoittaa niin kuin hän tunsieron muodostavat hypoteeseja ja testata niitä . Silti hän oli tietoinen siitä , ja ajoittain oli vaatimaton tarpeeksikoemenettelyihin työstään :

Siten tämä näkemys on päädytty päätellen ; ja jos alkaenpäätellä tällaista yksi on johtanut , eituttu alue , vaan päinvastoin , sellaiseksi, joka on ulkomaalainen ja uusi oman ajattelun, kutsuistapäättelykhypothesisi ja perustellusti kieltäytyy pitää suhde hypoteesinmateriaalia , joka oli päätelty kuinkproofi sitä. se voidaan pitää ainoastaan kprovedi jos se saavutetaan toisen polun sekä pN.B. : cross - validationuq ja jos voidaan osoittaa olevan solmukohta vielä muita yhteyksiä. (1905a , s. . 177f .)
Olen tutkinut Freudin menetelmiä arraying hänen tietojaan ja päättely niitäyrittää todistaa hänen pisteitä kahdella tavalla : tekemälläyleinen kokoelma kun törmäsin tapauksia, joissa hän teki johtopäätöksiä nimenomaisesti , jaon tutkittava tarkoin kaikki hänen argumentit käsitepsyykkinen tajuttomana kaksi hänen suurta papereita , kA Huomautustajuttomana Psychoanalysisi (1912b) ja kThe Unconsciousi (1915c) . Olisi työläs ja aikaa - vievää dokumentoida minun analyysit hänen liikennemuotojen argumentti ; Tyydyn annan tekemisestä .

On silmällä jo yksinkertaisesti , että Freud harvoin osoittautunut mitääntiukkaa merkityksessä .

Hän harvoin kohteeksi hypoteesejasellaista rajat - validational tarkista, että hän puolusti viime passage guoted . Hän on usein vakuuttava , lähes koskaan coercively niin . Hän oli silmällä jo valmis käyttämään laitteita hän puhui slightingly hänen terävä critiques ja päättelyyn, jota hänen vastustajansa :arvovaltainen sanonta kerjääminenguestion , argumentit analogisesti ja vetäytyykeskustelua kmatters jotka ovat niin kaukanaongelmista havaintomme , ja josta meillä on niin vähän cognilance , että se on käyttämättömänä kiistää . . . voidaan affirmi ne (1914 , s. . 79) .
Oikeastaan , mitä Freud tekee, on hyödyntää kaikki resurssit retoriikkaa . Hän varmuuskopioiyleisen toteamuksenkuvaava esimerkki , jossa se on selvästi toiminnassa; hän rakentaa uskottava syy- seuraus (jälkeenperiaate post hoc ergo propter hoc) , hän väittäsitä suuremmalla syyllä ; ja hän käyttää enthymemes tehdä perusteltuja johtopäätöksiä . Enthymeme vastaa retoriikkasyllogism vuonna logic.6 Siinä yksi lähtökohta on usein, muttei välttämättä tukahdutetaan , ja toisin kuinsyllogism , se ontapa muodostaa todennäköisen sijaan tarkkaa tai absoluuttista totuutta .
Lisäksi hän pyrkii voittamaan meidän sopimukseenhellyttävä suoruus henkilökohtainen osoite ,
ja astumassarooliavastustaja nostaa vaikea argumentteja itseään vastaan ,
jonka jälkeen hänen pistettä kumottu näyttävät sitäkin kertoo . Hänen kirjoittaminen on eloisa kanssa
metafora ja henkilöitymä , jossa vilkkuu nokkeluutta , runollisia lentojen laajennettu analogioita
tai similes , ja monia muita tällaisia laitteita , jotta vältetäänjatkuvasti abstrakti taso keskusteluun .
Kunpäättelyäjotkut hänen enthymemes vuonna kThe Unconsciousi on

6 Esimerkkejä onkohtia guoted alkaen Freud (1901 , s. . Edellä 45 , jaseuraava passage guoted , s. . 46) . edellä .

huolellisesti explicated , se on yllättävän heikko ja liittyy useita ei sequiturs . Hänen yrittää kumota muiden , hän freguently käyttiretorisia laitteen tehdämuita väitettä näkyvät epätodennäköistä vetoamalla sen implausibility maalaisjärkeä ja arjen havainnointia.

Ensinnäkin , hän pRankq olettaa, ettälapsi on saanut tietyt aistien vaikutelmia , erityisestivisuaalisen laatuaan , olisyntyessään ,uusiminen , joka voi muistaa sen muistiintrauma syntymästä ja siten herättääreaktio ahdistusta . tämä oletus on silmällä jo perusteeton ja erittäin epätodennäköistä . Se ei ole uskottavaa, ettälapsi

tulisi säilyttää mitään , mutta tunto ja yleiset tuntemukset liittyvätprosessi syntymästä . (1926a , s. . 135)

KÄYTTÖ kielikuvat
Koska minulla onerityinen intressi kielikuvat , olen kiinnittänyt erityistä huomiota siihen, miten Freud käyttänyt tätä retorinen laite . ToimittajatStandard Edition ovat tehneettehtävän suhteellisen helppoa indeksin merkinnät kunkin tilavuus otsikon kAnalogies.i Poiminta kaksi nidettä enemmän tai vähemmän sattumanvaraisesti (Wii ja WIV) , katsoin ylös31 analogioita niin indeksoitu ja yritti nähdä , millä tavoin Freud luki niitä .
Yhtenä professori retoriikkaa (Genung , 1900) on sanonut , kThe arvo sekä esimerkin ja
vastaavasti on loppujen pikemminkin suuntaa kuin riitaisa ; ne ovat todellisuudessa välineitä
teen esityksen , palkattu tekemäänaiheesta niin selvä. . . että miehet voivat nähdä totuutta tai virheestä
sitä varten themselves.i Suurimmaksi osaksi , näissä kahdessa osassa Freud käyttää analogioita kuten
kinstruments teen esityksen , i sisältyy , kun väite oli täysin totesi
omilla ehdoilla , lisätä vilkas , visualilable konkreettisuus ; jotkut heistä ovat pikku vitsejä , lisäämällä
kosketa koomikko keventäälukijan taakkaa . Tällä kertaa kuitenkinanalogisesti liikkuu osaksi valtavirtaalausumat ja tarjollasuorempi retorinen tarkoitukseen; tämä on

totta , yllättävää kyllä ,paljon useammin Vol. . WIV , joka sisältääkaru metapsychological paperit , kuin voi. Wii, suurelta osin omistettutapauksessa Schreber ja
paperit technigue . On käynyt ilmi kuitenkin, ettäriitaisa käyttö analogisesti tapahtuu pitkältipoleeminen kohtien osalta, joissa Freud yrittää kumotapääasiallinen

väitteitä , joiden Jung ja Adler katkaissut siteet klassisen psykoanalyysin ; enimmäkseen, se on muodoltaan pilkanmuoto vähättelyävastustajan tekemällä hänen väitteensä näyttävät naurettava sijaan kokouksessa se omilla tontti . Ei ole vaikea ymmärtää miten vihainen Freud on tuntunut kloapostasies peräkkäin kaksi hänen kaikkein lahjakas ja lupaava kannattajia , jotta vahvat vaikuttavat ollut tavanomaiseen vaikutus halventava tason argumentti . Freud käyttää analogioita kahdessa muunlaisia tapojametapsychological paperit, kuitenkin . Muutamissa tapauksissavastaavasti näyttää rooliinmallin . Toisin sanoen, kun hän kirjoitti, että kThe kompleksi melankolia käyttäytyy kuinavoin haava , piirustus itse . . hanticathexes " . . . kaikkiin suuntiin , ja tyhjentäminenego , kunnes se on täysin köyhtynyt " (1917 , s. . 253) , hän elvyttikuvan , että hän oli käyttänytjulkaisematon luonnos , kirjallinen ja lähetetään Fliess 20 vuotta aikaisemmin (1ff7 - 1902 , s. . 107 f .) ; Lisäksi hän oli käyttää sitä uudelleen viisi vuotta myöhemminteorian traumaattinen neuroosi (1920 , s. 30). . Mielenkiintoista kyllä, mikään näistä versioista ei Freud sanoa selvästi , mitä siellä on noinhaava, joka Siksi se on hyödyllinen analoginen . Ilmeisesti hän kuitenkin oli mielessäniin, että leukosyytit kerääntyvätmarginaalitfyysinen vaurio ,lääketieteellinen puolustusmekanismiksi jotka voivat hyvinkin ollapääasiallinen kantaisäkäsite psyykkinen puolustusmekanismeja. Varmasti se muodosti tärkeä malli Freudin ajatuksen , joka vaikutti suoraanerilaisia psykologisia konstruktioita hän vedota ja joitakin mitä hän teki heidän kanssaan .

Muu käyttö,laajennettu kielikuva ei työllistääanalogisestitiukka järkeä ja niin ei ole indeksoitu . (Itse asiassa valtaosa Freudin analogioista ei indeksoida ; vainpitkittynyt ne, jotka muistuttavat eeppinen vertauksia . Muttateksti on niin tiheä kestoilmaisuja of tavalla tai toisella , ettäkoko indeksin olisi epäkäytännöllisen valtava .) Olen viitataanesimerkiksiominaisuuden Freudin laite ,kscientific myytti , i , kun hän nimeltäänparas - tunnetuin esimerkki ,legendaPrimal lauma . Lähellä alussa kInstincts ja niiden Vicissitudesi (1915a) , ottaen huomioonkäyttökonsepti silmällä jo abstraktisti näkökulmasta fysiologian , ja suhteessakäsitteen kstimulus , i hän yhtäkkiä sanoo :
Kuvitellaanpa itsemmetilanteeseenlähes täysin avuton elävä organismi , vielä unorientated maailmassa , joka saa ärsykkeet sen hermostunut ainetta , (s. 119)
Mikäpidättivät imageu Ja huomaa, että tämä ei ole pelkkä tavanomainen kielikuva , jossa ihminen verrataan kohta kohdaltahypoteettinen alkeellinen organismi . Sen sijaan , täällä me annetaankutsun tunnistamista . Freud kannustaa meitä anthropomorphile ,

kuvitella , miten se olisi, jos emme , niin aikuisten ja ajattelevat ihmiset , olivatavuttomia
ja
altistuvat asema hän jatkaa hahmotella niin graafisesti . Se tuntuu luonnolliselta , siis ,
kun hän
helposti määritteetpikku animalcule paitsi tajunta vaan itse - awarenessean
Yhdistän me realile , on raittiina heijastus , ollauniguely ihmisen ja melko hienostunut
saavutus . Hänen johdantokappaleen kuitenkin kutsuu meitä heti keskeyttää epäuskon
ja
luopuatavanomaisten sääntöjen tieteellisen ajattelun . Se on kuinlapsen Klet
teeskennellä " ; se johtaa meidät
odottaa, että tämä ei ole niinkääntapa työntää hänen argumentti eteenpäin väliaikaisena
suuntaa harhauduttua ; kuten hänen tavallista analogioita ,kuvallinen loma kovista
teoreettinen

ajattelua . Olemme pian huomaamaan, että hän käyttää tämän
keskeyttäminensääntöjentapa antaa itselleenvapauden ja sujuvuus perusteluja , jotka
muuten eivät olisi hyväksyttäviä . Ja silti hän etenee sen jälkeen ikään kuinsille ole
osoitettukurinalaisesti .

Käsitystäysin haavoittuva organismin uinti meressä vaarallinen
energiat oli toinen toistuva kuva, joka näyttää tehneensyvän vaikutuksen
Freud . Se pelaavieläkin kriittinen roolikehityksen Hänen argumenttinsa Beyond
Pleasure Periaate , vaikka se otetaan käyttöönhieman soberer muoti (Klet meistä
kuvan
elävä organismi sen kaikkein yksinkertaistettu mahdollisimman muodossaeriyttämätön
rakkula
aine, joka on altis stimulationi ; 1920 , s. . 26) . Silti hän ei ole nimenomaisesti esitetty
sitäoletustaluonteestaensimmäisen elävän organismin ; Itse asiassa se ei koskaan tule
silmällä jo selvää juuri millaisia eksistentiaalisen aseman tämän kvesiclei on . Freud
etenee joidenkin
digrcooiono olcttaa, ettäorganismi tappaakmost voimakas energiesl
sen ympärillä , jos se pysyi suojaamattomia , ja että keittäminen sen uloin kerros on
muodostettu
kuori , joka suojasi mitä oli alla . Yhtäkkiä , Freud viemahtava harppaus tästä
alkuperäinen , osin vaurioitunut elävä solu : Kin erittäin kehittynyt
organismeillesivastaanottavainen aivokuoren
kerrosentisen rakkula on pitkään peruttu syvyyksiinsisätilojen
elin , vaikka osia siitä on jäänyt pinnalle heti alla
yleinen kilpenä stimulii (s. 27f .) . Implisiittisesti , hän on olettanut , että hänen
yksisoluinen
Adam on ollut hedelmällistä ja on asuttumaa , aina kulkee pitkin sen alkuperäisen rupia
jonkaperintö acguired merkkiä.
Juuri kun luulet , että Freud esitteleeerittäin mielikuvituksellinen , Lamarckian teoria
alkuperäiho, hän kytkeemetafora . Ensin hän kuitenkin hypothesiles että kThe

erityiset unpleasure fyysisen kipu on todennäköisesti seuraustasuojakilven ottaa murrettu kautta . . . Cathectic energiaa haastetaan puolelta tarjota riittävän korkea cathexes energianympäristöistärikkomisesta . Hanticathexis 'on suuressa mittakaavassa on perustettu , jonka hyväksi kaikkimuut psyykkiset järjestelmät ovat impoverishedi
(s. 30) . Pitkin täällä ,terävä - silmäinen lukija tekeeDouble Take : se kuulosti kuin Freud puhuifyysinen haavaiho, mutta mitä saa haastettu sen marginaaleja ei olevalkosolujen mutta Guanta psyykkisen energyu Sitten seuraavalla sivulla ,
me opimme, että kpreparedness ahdistuksen jahypercathexis javastaanottavainen järjestelmien
muodostavatviimeinen puolustuslinja onkilpenä ärsykkeisiin i (s. 31) . Tämä kilpi, joka tuntui niin konkreettisia ja fyysisiä , osoittautuumetafora käärittymyytti .
On totta, että tämä koko Neljännessä luvussa otettiin käyttöönseuraat disarmingly suorapuheinen kohta :
Seuraavassa on spekulointia , usein kaukana - haettua spekulointia , jonka lukija katsovat tai hylkää mukaan hänen yksittäisiä mieltymys . Se on lisäksipyrkimys seurata ulosidea johdonmukaisesti , uteliaisuudesta nähdä , mihin se johtaa . (1920 , s. . 24)
Valossamyöhemmälle kehitykselle Freudin teorioita , joissa kuten olemme nähneet hän tuli nojata tähän utelias kudosta spekulaatioita ikään kuin se olisistoutly tukeva kangas , näyttää siltä, että tämä vaatimaton vastuuvapauslauseke on toinen Klet teeskennellä , " niin, että Freud , kuten Brittania , voi luopuasääntöjä .

Freudin PUHEILLAAN
Lopputulos Tämän kyselynavulla Freud käytti totuuden etsiminen on, että hän perustunut paljolti kaikkiklassisen laitteet retoriikkaa . Vaikutus ei ole todistaa , joka tiukka mielessä , mutta suostutella käyttäen jossain määrinlaitteetesseisti mutta vielä

enemmän kuinpuhuja tai puolestapuhuja , joka kirjoittaa hänen lyhyt ja sitten väittääpätee kaikkiineloguence hänen käyttöönsä . Huomaa, että olen päätyi tähän tulokseen ensisijaisestitutkimus Freudin useimmat tekniset, teoreettiset ja kirjoja .
Tällaisissa mestarillinen teoksialukijaa hänen eri sarjassa luennot (1916-17 , 1933) taiKysymys Lay Analysis (1926b) ,retorinen muoto on vieläkin selvempi ; Viimeksi mainittu työ on todella valettu muodossalaajaa vuoropuhelua , vanhoihin asioihin suoraan takaisinklassiseen kreikkalaiseen tekstit , jotka Freud oli niin ihastunut .
On taipumus tänään ottaa krhetorici kuinhieman halventava termi . Paitsi mielissäplatonisteja , se ei ollut tällaisia mielleyhtymiä klassisen kerta . Kuten Kennedy (1963) huomauttaa ,

Yksi tärkeimmistä etujenkreikkalaiset oli retoriikkaa . . . . Sen alkuperä ja aikovansa retoriikka oli luonnollinen ja hyvä : se tuotti selkeys , elinvoimaa ja kauneutta , ja se nousi loogisestiehdot ja gualities klassisen mielen . Kreikan yhteiskunta vetosi suullista ilmaisua . . . . Poliittinen levottomuus on tavallisesti aikaan tai kukisti suusanallisesti . Oikeusjärjestelmä oli samalla suun . . . Kaikki kirjallisuus on kirjoitettu tulla kuulluksi , ja vaikka lukeminen itselleenKreikan lukea ääneen (s. 3 f .) Retoriikkaa, silläteoria vakuuttava viestintä , oli väistämättäpaljon enemmän ; se oli ainoa kritiikin muoto Kreikan ajatus. Yhdessä Aristoteleen määritelmiä , retoriikka on ka prosessi kritiikkiä , jossa sijaitseepolkuperiaatteita kaikkien inguiriesi (Aiheet I; guoted vuonna McBurney , 1936 , s. . 54) .
Koska tiede ei ollut yhtä jyrkästi erottaa muita menetelmiä etsivät totuutta sitten kun se tuli myöhemmin , retoriikka olilähinnä asia tieteellisiin menetelmiin , että Kreikkalaisilla oli . Vuonna Artistotle esitys oli kaksi erilaista totuutta : tarkka tai tiettyjä , ja todennäköinen . Entinen olihuolissaan tieteen , joka toimi avulla syllogistic

logiikkaa tai kokonaistutkimus . Kaikenlaista muuta pelkästään probabilistisen tietämyksen olivatRealms riitaisa inguiry , joka toimi avulla dialektiikka ja retoriikka . Muttavain kurinalaisuutta johon Aristoteleen kriteeri kungualified tieteellinen knowledgei sovelletaan matematiikka (nykyään tulkita sisältävän symbolisen logiikan) ; vain niinpuhtaasti muodollinen tiede voi tiukkaa deduktiivinen menettelyä voidaan käyttää ja varmuus saavutetaan .
Menen näin paljon tiedot Kreikan retoriikka koska se viittaa minullemahdollisesti valaisevan hypoteesi . Kaikki mitä voin tehdä, jotta se uskottava on huomauttaa, että Freud teki
tietää Kreikan hyvin ja lukeaklassikoita alkuperäisessä ; ja joukossaviisi kurssia tai seminaarit hän otti Brentano oli yksi Logic ja ainakin yksi kThe filosofia Aristotlei (Bernfeld , 1951) . Jos Freud saanut mitään muodollista koulutusta menetelmäerojen
kriittinen tieteenfilosofia , se oliAristoteleen filosofi - psykologi Brentano . En ole löytänyt mistään Freudin teosten kaikki viittaukset Aristoteleen Retoriikka
tai suoria todisteita siitä, että hän tiesi sen ; parasta mitä voin tehdä, on tarjota nämä bittiä
aihetodisteet (tai kuten Aristoteles olisi laittaa se , jottalausumat merkkejä) . On siis mahdollista, että Freud oli tällä tavalla käyttöönlaitteita retoriikkaa ja enthymemetic tai todennäköinen perusteita kuinlaillisia välineitä inguiry osaksi empiirinen asioissa . Hänen hylkääminen keinottelua, deduktiivisesti tarkka järjestelmä - rakennus voi
osoittavat, että hän hyväksyyAristoteleen kahtiajako tarkka (tai matemaattinen) ja todennäköinen totuus ja valitsemalla työskennellätodellinen ja arvioitu maailmassa, jossa retoriikkaa
oliasianmukainen keino lähestyävain suhteellinen totuus .
Muuten olen laittanut tästä näkökulmasta tahallisesti sumentaahieno, mutta tärkeä ero

välillä kahdenlaisia probabilism : että retoriikkaa , jossatekniset keinot

uskottavia perusteluja käytetään parantamaan mielessäkuulijansubjektiivinen
Todennäköisyys, että puhujan opinnäytetyö on totta ; ja että modernin skeptinen tieteen ,
joka
käyttää eniten tarkka ja tiukka menetelmiä mahdollista mitatatodennäköisyysthesise
elimäärä luottamusta meillä voi olla , että se onhyvin lähellätodellisuutta
että voidaan lähestyä vain asymptoottisesti . Entisen todisteet onperustaminen
vakaumukseen ; jälkimmäisen , tarkastus onhylättyvarmasti väärä nollahypoteesi ja
väliaikaista hyväksymistä vaihtoehdon kuinparas saatavilla tällä hetkellä. En
uskovat, että Freud näki tämä ero selkeästi ; ainakaan hän ei kirjoittanut niin kuin hän
ajatteli
näissä ehdoissa .
Varmasti hän oliloistava retorikko , oliko häntietoinen tai ei. Hän oli mestari kaikessa
viisi osaa , joista olemme keskustelleet tähän mennessä pääasiassa
näkökohtiaensimmäisen , keksintö , joka sisältäätilat todisteet : suoria todisteita ,
argumentointi päässätodisteita , ja epäsuorien taivuttelua voimasta henkilötietojen
vaikutelman tai läsnäolo (eetos) tai kthe tunne, jota hän pystyy herättämään hänen
sanallista valitukset , hänen eleitä , i jne. (paatosta) (Kennedy , 1963 , s. . 10) .
Freudin huippuosaamista eetos ja paatos , jakaksi viimeistäosaa , muisti ja toimitus
voidaan kuvata Jones :
Hän olikiehtova luennoitsija . Luennot olivat aina valaissut hänen erikoinen ironista
huumoria . . . Hän käytti aina matalalla äänellä , ehkä koska se voisi tulla melko ankaria
jos kireät , mutta puhuiäärimmäisen erotettavuutta . Hän ei koskaan käyttänyt mitään
muistiinpanoja , ja harvoin teki paljon valmistelua vartenluento . . .
Adoring elämäkerran jatkaa toteamalla, että KHE koskaan käyttänyt puhetaito , i mutta
hän näyttää
käyttäätermiänykyaikaisessa mielessä synonyyminä mahtipontisuus , joka ei
varmastikaan ollut
mitämuinaiset kreikkalaiset tarkoitti . Mitä Jones kuvaus välittää onerittäin tehokas
eräänlainen

henkilökohtaista läsnäoloa . Freud
puhui hyvin ja conversationally . . . Yksi tunsi kääntymällä meille henkilökohtaisesti . . .
Ei ollut välähdys alentuvaisuus sitä , ei edesaavistuksenopettaja . Yleisö oli oletetaan
koostuvan erittäin älykkäitä ihmisiä, joille hän halusi kommunikoida joitakin hänen
viimeaikaiset kokemukset . . . (Jones , 1953 , s. . 341f .)
Osaltajäljellä kahteen osaanAristoteleen viisi - osa jako retoriikkaa , järjestelyn ja tyyli ,
paljon voitaisiin kirjoittaa , mutta se ojaan kirjallisuuskritiikkiin . Kreikkalaiset analyled

tyyli evaluatively kannaltaneljän hyveitä tarkkuutta, selkeyttä , koristeita , ja
käyttäytyminen ; Minä vain tallentaa Käsitykseni mukaan Freud voisi ansaita alkuun
arvosanoja kaikkia näitä laskee .
Freud ylpeitä itsensä olleen syrjässäkiihkeää kiistelyä polemiikin . Vain kerran , hän
sanoo hiukan ylpeästi omaelämäkerran (1925) , hän vastata suoraankriitikko , vuonna
1f94 . Silti on selvää, että hän kirjoittipoleeminen tuulella paljonloppuelämänsä ,
ainatietoisuus siitä, että lukija saattaa olla vihamielinen . Hän oli selkeästi siitä monissa
kirjeitä hänen seuraajansa . Esimerkiksi Jung vuonna 1909 :
Emme voi välttäävastukset , niin miksi ei vaan haastaa niitä onces Mielestäni hyökkäys
onparas puolustus . Ehkä olet aliarvioidaintensiteetti vastustuskyky kun toivoa niiden
torjumiseksi pieniä myönnytyksiä. (tuoted Jones , 1955 , s. . 436)

Ja Pfister kaksi vuotta myöhemmin :
On tuskin mahdollista saadajulkista keskustelua psykoanalyysin ; yksi ei ole kiistatonta
eikä ole mitään tehtävää vastaanvaanii tunteita . Liike on huolissaansyvyyksiin , ja
keskusteluja siitä on pysyttävä niin epäonnistunut kuinteologinen disputations
aikaanuskonpuhdistuksen . (Jones , 1955 , s. . 450F .)

Tunne tätä voimakkaasti , Freud olisi voinut tehdä muuta kuin lähestyätehtävä selvitys
kuten yksi argumentti . Amaling asia on, ettäammattitaitoisen sanallinen miekkamies
annatiedemies Freud on puheenvuoro niin paljon kuin hän did.7

YHTEENVETO
Ja nyt haluan palata kognitiivinen tyyli sen nykyajan teknisessä mielessä . kuten Klein
käyttää sitä ,kognitiivinen tyyli characterileshenkilön ja hänen unigue tapa käsitellä
tietoja . On tietenkin yhtäläisyyksiä ihmisten keskuudessa näissä suhteissa , ja
mitat johon kognitiiviset tyylit voidaan analyled kutsutaan kognitiivista kontrollia
periaatteet . (Useimmat lähes lopullisen ilmoituksenperiaatteiden löysi Klein ja
hänen avustajansa sisältyymonografian Gardnerin , Hollman , Klein , Linton , m
Spence , 1959.)
Olemme nähneet, että Freud oli , ettäepätavallisen ,suvaitsevaisuus epäselvyyttä ja
epäjohdonmukaisuutta . Hän tarvitsi sitä . Kuten olen edellisessä luvussa todettiin ,
edellä , hänen ajattelunsa otti aina
aseta yhteydessä läpitunkevaa konflikteja. Ensimmäisessä näistä , tarjous - minded,
spekulatiivista,
laaja - alainen ja fantasylike ajattelu johtuvat Naturphilosophie oli vastakkain
kurinalainen physicalistic fysiologia hänen arvostetun opettajat . Toinen konflikti
mukana sarjaa esityksiä todellisuudesta ja ihmiskauppaa sekä yleisemmin kaksi
vastakkaisia maailmankatsomusta ,humanistinen jamekanistinen kuva maneone
taiteellisen , kirjallisuuden ,
ja filosofinen ,muut maadoitettureductionistic ihanne Tiede ja lupauksensa
edetessä objektiivisuuden ja kurinalaisuutta. Lisäksi Freudin metapsychological malli
yhteenottoja

7 Koskalyhyt ekologinen syrjään , haluaisin ehdottaa, että Freud olisi ollut vähemmäntaistelija hänen
kirjallisesti, mikäli hän olisi työskennellyt päässäsuojaava turvallisuusakateemisen aseman . Hänen kallisarvoista Professuuri teki
kanna hallintaoikeus eikäpalkkaa ; Freud toimi aina päässäalttiiksi ja yksinäinen tilanne yksityisten
käytäntö .

monissa ratkaisevissa kohdissa todellisuuden kanssa ; jotenuusien konfliktien välillä käytiin yhdet
Freudin perus orientointi oletukset ja hänen kasvava tietämysfaktoja käyttäytymistä.
Koska kaikki nämä konfliktit , uskon, että hän joutui toimimaan hänen leimallisesti löysä - nivelletty tavalla . Jos hänellä olisi ollutpakonomainen tarve selkeyttä ja johdonmukaisuutta , hän olisi luultavasti tehdä valintoja ja ratkaista hänen henkisen konflikteja . Jos hän olisi seurannuttapa kovaa - laskelmoiva tieteen , hän olisi ollutvankimenetelmät ja oletukset hän oppi hänen lääketieteellisen koulun ja sen laboratorieseanother , enemmän lahjakkaita Exner , jotka ehkä ovat kirjoittaneetuseita erinomaisia neurologisia kirjoja, kuten yksi afasia , mutta kuka olisi todennäköisesti emuloitua hänen varovaisia aikalaisensa ohjauksen selkeä hysteerinen potilaista . Ja jos hän olisi kääntänyt selkänsäponnisteluja tieteenalalla ja avasipadot sai hienon pystysyötön kekseliäisyyttä , olisimme ehkä ollutpyyhkäissyt Luonto - filosofisia esseitä mutta mitään kuin psykoanalyysi ; tai joshumanisti hänessä oli ratkaisevasti voitti ylimekanisti , hän olisi kirjoittanut loistava romaaneja , mutta olisi koskaan tehnyt suuria löytöjä .
Mutta koska Freud pystyi pitämään toinen jalka taiteen ja yksi tieteen , koska hän voisi mukavasti säilyttääturvallisuusmalli periytyy arvostettu viranomaisille ilman sen kokonaan sokaisee hänet itsensätodellisuuden aspekteja , joita varten se ei ollut sijaa , hän pystyi olemaan erittäin luova. Tuottava omaperäisyys tieteen liittyydialektiikka vapauden ja valvonta , joustavuus ja kurinalaisuutta , keinottelu ja itsensä - kriittisen tarkkailun . ilman jonkinlaista löystyminenketjujen tavanomaisten , turvallinen , toissijainen - prosessiajattelua , siellä voi olla vähän omaperäisyys ; Pegasus on oltavamahdollisuus ottaa siipi . Mutta vapautuminen ei yksin riitä . jos

joustavuus ei liity kurinalaisuutta , siitä tulee sujuvuutta , ja sitten meillä onvisionääri ,Phantast (kuten Freud kutsui itseään ja Fliess) sijastatiedemies . Se oli juuri tämä , että Freud pelättiin itse . Rohkea, mutta hedelmällinen ideoita on eroteltuvain uskallusta tai positiivisesti harebrained niistä ; oivalluksia on huolellisesti tarkistettava ; uusia käsitteitä tulee työstäärakennetta lakeja niin, että ne sopivat sujuvasti, tukipilari ja laajentaarakennus . Kaikki tämä vieasenne, joka on vastakkainenaikaisemmin, tiukemmin luova . Se kysyypaljonmies siksi, että hän on taitava molemmissa ajattelua ja pystyisi vaihtamaan asianmukaisesti alkaenroolia uneksija kuin kriitikko . Ehkä se on yksi syy , että meillä on niin vähän todella suuret tiedemiehet .

Tämä ensimmäinen merkittävä ominaisuus Freudin kognitiivinen tyyli on silmiinpistävän muistuttaa
periaatteen kognitiivista kontrollia kutsutaan Klein ja hänen liittolaistensa suvaitsevaisuus epävakautta tai
uhkarohkeita kokemuksia . khTolerant " aiheita pas verrattuna suvaitsematon onesq näytti vuonna
egually adeguate kosketusta ulkoisen todellisuuden , mutta oli paljon rennompaa niiden hyväksymistä sekä ideoita ja havaintokyvyn organilations että reguired poikkeama tavanomainen " (Gardner et ai . , 1959 , s. . 93) . Se onrento ja kekseliäs sellainen mieli , toisin kuinsellainen, joka jäykästi tarttuukirjaimellisesti tulkita todellisuutta . Ja Freud (
1933)
oli epätavallisen valmis viihdyttää parapsykologisia hypoteeseja , jotka ylittävät tieteellisesti perinteiset käsitteet todellisuudesta . Telepatia on silmällä jo kirjaimellisestikunrealistic
experience.i
Jos Freud oli suvaitsevainen epäselvyyttä , epäjohdonmukaisuus , epävakaus ja epärealistinen
kokemuksia , siellä oli yksi samanlainen - kuulostava todetaan, että hän ei voinut sietää : merkityksettömyyden ,olettaen, ettäprosessi oli stokastinen tai ettäilmiö

tapahtui, koska satunnainen virhe . Epäilemättä tämä asenne johti hänet ajoittain osaksi overinterpreting tiedot ja lukemisen meaningeespecially dynaaminen tai motivoiva meaningeinto käyttäytymistä unwarrantedly . Mutta se myös vauhditti hänen perustarpeensa löytöjä, kuten
että ensisijaisen prosessin jatulkittavuutta unia, neuroottinen ja psykoottinen oireita.
Katsokaamme , ovatkoloput viisi ulottuvuutta kuvanneet Gardner , Hollman , Klein , Linton , ja Spence eivät muodostahyödylliset puitteet summariling Freudin tavalla ajattelu . Se varmasti näyttää todennäköiseltä , että Freud oli vahvasti kenttään - riippumaton . Inner ---
suunnattu hän varmasti oli , ja Graham (1955) on osoittanutempiirinen yhteys Riesman : n (1950) ja Witkin : n (1949) käsitteitä . Tässä onGardner et al . kuvaus
sellainen henkilö, joka on alalla - independentenot selvästi riippuvainennäkökentässä Suuntaa onpystyssä : hän on characteriled K () toimintaa käsiteltäessä ympäristö ; (b) . . . hinner elämän ja tehokas valvonta impulsseja , joilla on alhainen ahdistuneisuus ; ja (c)
hyvä itsetunto - itsetunto , myös luottamuskehon jasuhteellisen aikuinen body - kuva . i
Se
kuulostaapaljon kuten Freud , paitsi ehkä hänen ambivalentti ja melko

hypochondriacal asenteesta bodyekpoor Konrad , i kuten hän wryly kutsui sitä . Linton (1955) on lisäksi käynyt ilmi , että alalla - riippumattomat ihmiset ovat vähän alttiita ryhmään vaikutusvaltaa , varmasti totta Freud .
Hänen mieluumminpieni määrä erittäin laajasti määritellyn motivoiva käsitteitä , Freud näyttää olleenyleisesti ottaen vastaamaan erilaisia . Ja Kleinin ulottuvuus joustava vs. ahdas ohjaus , Freud olisi varmasti tuhannen taalan reilusti yli vuoden joustava lopussa . Eikö hän ollut krelatively mukava tilanteissa, jotka liittyvät ristiriitaiset tai

tunkeileva vihjeitä . . . ei overimpressed kanssamääräävää ärsyke organilation jos . . . toinen osakentän pwasq enemmän appropriateis Ja totisesti hän kdid ole taipumusta tukahduttaa tunne ja muut sisäiset cues.i Tämä onkuvausjoustavasti - ohjattu aihe (Gardner et al . , 1959 , s. . 53f .) .
Kaksi muuta ulottuvuutta kognitiivista kontrollia näyttävät vähemmän merkitystä .
Skannaus (verrattuna fokusointi) kuintapa käyttää huomiota voi tuntua ehdottaatapa Freud osallistui hänen potilailla , mutta se on qualitatively erilainen . Skannaus liittyykyky keskittyä siihen, mitä on tärkeää , muttakustannukset eristäminen vaikuttavat ja overintellectualilation ; se ei ole niinkään passiivisesti rento osallistunlevottomasti roaming etsi kaikki voi olla hyötyä . Ja sikäli kuin voin määrittää , Freud ei ollut jokotasaajana taiteroitin ; hän ei tavallisesti näön eroja ja yksinkertaistettu eikä hän erityisesti varuillaan hienoja eroja ja aina hakevat pieniä muutoksia tilanteissa.
On kohtuullista päätellä , luulen , että joitakin näistä periaatteista kognitiivista kontrollia näyttävät silmällä jo apt ja hyödyllinen , vaikkarunsaastimaku Freudin unigueness kuinajattelija on menetetään, kun käytämme niitä hänelle. Lisäksipari muita näkökohtia kognitiivisia tyyli on ehdotettu characteriling Freud . Kaplan (1964) alkaakeskustella yleisesti kognitiivinen tyyli käyttäytymistieteilijöitä näin : k . . . ajattelun ja sen ilmaisun ovat varmasti ei mitenkään liity toisiinsa , ja miten tieteelliset tutkimustulokset ovat suunniteltu sisällyttäminenelin tietoa heijastaa usein tyylillisiä piirteitäajattelua takana themn (s. 259) . Hän menee kuvaamaan kuutta tyylejä , ja mainitsee Freud yhteydessäkahteen ensimmäiseen :kirjallisuuden jaakateemisen tyylejä . kirjallisuuden

tyyli on usein kyse yksilöiden , tulkitaan klargely kannaltaerityisiä tarkoituksia ja näkökulmiatoimijoiden sijaan kannaltaabstrakteja ja yleisiä luokattiedemiehen oman perusteluissa järjestelmään . . . Freudin tutkimuksissa Mooseksen ja

Leonardo . . . näytteille jotain tähän tyyliin. "akateeminen tyyli , sen sijaan on kmuch enemmän abstrakteja ja yleisiä . . . On jonkin verran yrittää olla tarkka , mutta se on sanallista melko kuin toiminnassa. Tavallinen sanoja käytetään aistiin , muodostavanteknisiä sanastoa . . . . pTreatment ofDATAQ taipumus olla hyvin teoreettinen , ellei todellakin puhtaasti spekulatiivisia . Järjestelmä otetaan käyttöön tapa suuri hprinciples , "soveltavan uudestaan ja uudestaan erityistapauksissa , jotka kuvaavatgeneralilation sijaan toimivat todisteita siitä. " Kaplan mainitsee kessays psykoanalyyttisessa teoriassa " yleisesti esimerkkeinä , mutta luotan on ilmeistä kuinka hyvin nämä kuvaukset characterile ja summarile paljon siitä, mitä olen tuonut esiin noin Freud .

Kymmenen käskyä vartenReader Freudin

Lopuksi haluan palata alkuperäiseen ilmoitus, ettäymmärtää paremmin Freudin henkinen tausta ja kognitiivinen tyyli auttaisinykyajan lukijaa Lue hänet oivaltavasti sijaan hämmennystä , ja yrittää antaa sen aineenmuodossa kymmenen kehotuksia . Kuten toinen kymmenen käskyä , ne voidaan vähentää yksi kultainen sääntö : olla empaattinen sijaan projectiveelearn mitkä ovatmiehen omien ehtojen ja ottaa hänet niihin . 1 . Varo nosto lausunnot asiayhteydestään . Tämä käytäntö on erityisen houkuttelevaa oppikirja kirjailijoita , poleeminen kriitikot , ja tutkimus - ennakkoluuloton kliiniset psykologit, jotka ovat innokkaampia saada oikeuttatestaus ehdotuksia kuin ryhtyähidas tutkimus suuri corpus teoriaa . Mikään ei korvaa lukemista tarpeeksi Freudin saada hänen täyden merkitys , joka on lähes koskaan täysin ilmaistuyhdellä kappale ei väliä kuinka erityinenkohta . 2 . Älä ota Freudin äärimmäisen muotoiluja kirjaimellisesti . Kohtelevat heitä kuin hänen tapansa soittaa huomiotapisteeseen . Kun hän sanoo knever , i kinvariably , i kconclusively , i javastaavat, lue eteenpäinqualifying ja pehmenemistä lausuntoja . Muistamuutokset on paikkayleinen ilmapiiri , koska Freud kirjoitti hänen suuria teoksia ; sosiaalinen hyväksyntä ja kunniallisuuden ovat korvanneet sokki ja vihamielisyyttä , joka teki Freud tuntuu, että hänen olipieni ja yksinäinen ääni kylmässä erämaassa, niin että hänen täytyi huutaa tullakseen kuulluksi lainkaan .

3 . Varo ristiriitaisuuksia; minäkään kompastu niihin tai seile heihin

ilkeä vahingonilo , mutta ottaa ne keskeneräisenä dialektiikan muotoiluja odottaasynteesiä että Freudin kognitiivinen tyyli sai hänet etenisitte takaisin .

4 . Olekatsella kuvakieltä , henkilöitymä erityisesti (konkretisoidulla muotoilut käsitteitä homunculi) . Muista, että se on siellä ensisijaisesti väri , vaikka se teki ajoittain johtaa Freud harhaan itse , ja että se on oikeudenmukaisin hänelle luottaa ensisijaisesti niille hänen lausuntoja asioista, jotka ovat vähiten runollinen ja dramaattinen .

5 . Älä odota tiukkaa määritelmiä ; etsiä pikemminkinmerkityksiä hänen termien tavoin niitä käytetään yliajan . Ja älä arkaile , jos löydät sanan ollessa käytettäviksi samassa paikassa sen tavanomaisessa , kirjallisuuden merkitys , toisessa erityisessä teknisessä mielessä joka muuttuukehityshäiriöitä tilanteoriaa . Yritys , kuten Dictionary of Psykoanalyysi , koonnutpari ahkeria , mutta väärä analyytikot joka nosti määritelmä - kaltaiset lauseet monista Freudin teoksia , on täysin virheellinen käsitys ja pettääyhteensä väärinkäsitys Freudin tyyli ajattelu ja työ .

6 . Ole benignly epäillen Freudin väitteitä todiste siitä, että jotain on voitu varmuudella osoittaa . Muista, että hänellä oli erilaisia normeja todisteita kuin nyt , että hän hylkäsi kokeilu osittainliian - kapea käsitys siitä ja osittain siksi, että hän oli löytänyt sen tyylillisesti ristiriidassa kauan ennen kuin edensensimmäisiä töitä RA Fisher , ja yleensä hämmentää monistaa huomautuksentodentaa teorianilmiö guestion .

7 . Muista, että Freud oli overfond of dichotomies , vaikka hänen tietojaan oli parempi conceptualiled kuin jatkuvia muuttujia ; yleensä , älä oleta, ettäteoria on horjuta päätöslauselmassa sanotaan paljonaikaa menetelmällisesti anteeksiantamatonta muodossa .

f . Varo Freudin vakuuttavuutta . Muista, että hän olivoimakas retorikko alueilla, joilla hänen tieteellisiä arvoisesti oli epävarma . Vaikka hän oli usein oikeassa , se ei ollut aina syistä hän antoi , jotka eivät juuri koskaan todella riittää todistamaan asiansa , eikä aina siinä määrin , että hän toivoi .

Lopuksi , olla erityisen varovainen, ettei kallistua kohti kahdella äärimmäinen ja egually kestämätön tehtävissä : se on ,

9 . Älä ota Freudin jokainen lause kuinsyvällinen totuus , joka voi aiheuttaa vaikeuksia mutta vain siksi oman inadeguacies , meidän jalankulkijoiden vaikeuksia pysyä mukana huiman mielinero, joka ei aina viitsinyt selittää vaiheet , jotka olivat ilmeisiä

häntä , mutta meidän on annettava työläs eksegeettistä stipendin . Tämä onhoukutus oppineista työskennellä psykoanalyyttisen laitokset, nämä tosissaan freudilaiset joka Freudin harmi , oli jo alkanut esiintyä elinaikanaan . Useimmille meistä yliopistoissa ,vastaava houkutus onvaarallisempaa yksi :

10 . Älä anna itsesi saada niin loukkaantunut Freudin raukeaa alkaen metodologisia puhtautta , että
voit erottaa hänet kokonaan. Lähes mikä tahansa lukija voi oppiavaltavan paljon Freud , jos hän
Kuuntelemme tarkasti ja sympaattisesti eikä ottaa hänen lausuntoja liian vakavasti .

Viitteet

Amacher , P. 1965 . Freudin neurologisia koulutus ja sen vaikutus psykoanalyyttinen teoriaa . Psykologisia ongelmia , 4 : Monograph Nro 16 .
Andersson . O. 1962 . Opinnotesihistoriasta psykoanalyysin :etiologiaa psyclioneuroses ja joitakin asiaan liittyviä teemoja Sigmund Freudin tieteellisiä kirjoituksia ja kirjeitä, 1886-1896 . Tukholma: Svenska Bokförlaget Norstedts .
Bernfeld , S. 1944 . Freudin aikaisintaan teorioita jakoulu Helmholtl . psykoanalyyttinen Neljännesvuosittain , 13 : 342 --- 362 .
xxxxx 1951 . Sigmund Freud . M.D. . 1ff2 --- 1ff5 . International Journal of Psychoanalysis , 32 :
204 --- 217 .
Tylsää. EG 1954 . Katsaus kThe elämän ja työn Sigmund Freud.n Vol. . I. Ernest Jones . Psykologinen Bulletin , 51 : 433 --- 437 .
Breuer . J. . Ja Freud . S. 1955 . Tutkimukset hysteriaa. Standard Edition , Vol. . 2 .
London :
Hogarth .
Bry , Ilse . ja Rifkin . H. 1962 . Freud jaaatehistoria : ensisijainen lähteistä. 1ff6 --- 1910 .
Luonnontieteiden ja Psykoanalyysi , Vol. . V. , toim . J. H. Masserman . New York :
Gurne m Stratton .
Chein . I. 1972 .Tiede käytläytymisen jailimisen kuvaksl . New York . Baslc Books .
Cranefield . P.F. 1957 .Orgaaninen fysiikkaa 1f47 jabiofysiikan tänään . lehti
Historia of Medicine , 12 : 407-423 .
Culbertson , J.T. 1963 .Mielissä robotteja . Urbana : University of Illinois Press .
Darwin . C. (1f59) On Lajien synty . Cambridge : Harvard University Press . 1964 .
Ellenberger . H. F. 1956 . Fechner ja Freud . TiedotteessaMenninger Clinic , 20 : 201-214 .
xxxxx 1970 .Löytötajuton ; historiaa ja kehitystä dynaamisen psykiatrian .
New York : Basic Books .
Freud . S. (1f95) projektitieteellisen psykologian . Standard Edition , Vol. . 1 . London :

Hogarth Press, 1966 .
xxxxx (1f96)etiologia hysteriaa. Standard Edition . Voi. 3 . London : Hogarth . 1962 .
Xxxxx (1ff7 - 1902)alkuperä psykoanalyysin . New York : Basic Books . 1954 .
xxxxx (1900)tulkinta unelmia . Standard Edition , osat . 4 m 5 . London : Hogarth .
1953 .
xxxxx (1901)psykopatologian jokapäiväistä elämää. Standard Edition . Voi. 6 . London :
Hogarth . l960 .
xxxxx (1905a) Jokes ja niiden suhdetajuton . Standard Edition , Vol. . f . Lontoo:
Hogarth , 1960 .
xxxxx (1905b) Kolme esseitäteoria seksuaalisuuden . Standard Edition , Vol. . 7 .
London :
Hogarth , 1953 .
xxxxx (1905c) Katkelmaanalyysintapauksessa hysteria . Standard Edition , Vol. . 7 .
London :
Hogarth , 1953 .
xxxxx (1906) My näkemyksiäroolin seksuaalisuuttaetiologianeuroosit .
Standard Edition , Vol. . 7 . London : Hogarth , 1953 .
xxxxx (1912a) Suositukset lääkärit harjoitellaan psyko - analyysi . Standard Edition ,
Voi. 12 . London : Hogarth , 195f .
xxxxx (1912b)muistiontajuttomana psyko - analyysi . Standard Edition , Vol. . 12 .
Lontoo: Hogarth , 195f .
xxxxx (1913) Totem ja tabu . Standard Edition , Vol. . 13 . London : Hogarth , 1955 .
xxxxx (1914) On narsismi :johdanto . Standard Edition , Vol. . 14 . London : Hogarth ,
1957 .
xxxxx (1915a) vaistot ja niiden hankaluudet . Standard Edition , Vol. . 14 . London :
Hogarth ,
1957 .
xxxxx (1915b) sorto . Standard Edition , Vol. . 14 . London : Hogarth . 1957 .
xxxxx (1915c)tajuton . Standard Edition , Vol. . 14 . London : Hogarth , 1957 .
xxxxx (1916-17) luennot psyko - analyysiin . Standard Edition , osat . 15 m 16 .
Lontoo: Hogarth , 1963 .
xxxxx (1917) Mourning ja melankolia . Standard Edition , Vol. . 14 . London : Hogarth ,
1957 .

xxxxx (1920) Beyondilo periaatetta . Standard Edition , Vol. . 1f . Lontoo: Hogarth ,
1955 .
xxxxx (1921) Ryhmä psykologian jaanalysointiego . Standard Edition , Vol. . 1f .
Lontoo: Hogarth , 1955 .
xxxxx (1923)ego jaid . Standard Edition , Vol. . 19 . London : Hogarth , 1961 .

xxxxx (1925)omaelämäkerrallinen tutkimus . Standard Edition , Vol. . 20 . London :
Hogarth , 1959 .
xxxxx (1926a) estoja , oireita ja ahdistusta . Standard Edition , Vol. . 20 . London :
Hogarth , 1959 .
xxxxx (1926b)guestion maallikko analyysin . Standard Edition , Vol. . 20 . London :
Hogarth ,
1959 .
xxxxx (1927)tulevaisuusilluusio . Standard Edition , Vol. . 21 . London : Hogarth , 1961 .
xxxxx (1930) Civililation ja sen Discontents . Standard Edition , Vol. . 21 . London :
Hogarth ,
1961 .
xxxxx (1933) Uudet luennot psyko - analyysiin . Standard Edition , Vol. . 22 .
Lontoo: Hogarth , 1964 .
xxxxx (1934 - 3 f) Mooses ja monoteismi : kolme esseetä . Standard Edition , Vol. . 23 .
London :
Hogarth , 1964 .
xxxxx (1940)luonnos psyko - analyysi . Standard Edition , Vol. . 23 . London : Hogarth ,
1964 .
xxxxx (1960) kirjeet Sigmund Freud . E. L. Freud . New York : Basic Books .
Galdston , I. 1956 . Freud ja romanttinen lääke. Tiedote History of Medicine , 30 : 4F9 -
507 .
Gardner, RW , Hollman , PS , Klein , GS , Linton , Harriet B. , ja Spence , DP 1959 .
Kognitiivista kontrollia ,tutkimus yksittäisten konsistensseissa behavioraalisen .
Psykologisia ongelmia , 1 , Monograph Nro 4 .
Genung , JF 1900 .Toimintaperiaatteet retoriikkaa . Boston : Ginn .
Graham, Elaine . 1955 . Sisä - ohjannut ja muut - suunnattu asenteita . julkaisematon
jatko
väitöskirja, Yalen yliopisto
Holt, RR 1961 . Kliininen tuomionkurinalainen inguiry . Journal of Nervous ja Mental

Tauti, 133 : 369 --- 3f2 .
xxxxx 1962 .kriittinen tarkastelu Freudin käsite sitoutuneen vs. vapaa Cathexis . lehti
American Psychoanalytic Association , 10 : 475-525 .
xxxxx 1963 . Kaksi vaikutteita Freudin tieteellinen ajattelu :fragmentti henkisen
elämäkerta . Tutkimuksessa ihmishenkiä , ed . R. W. White . New York : Atherton Press .
xxxxx 1964 . kuvakieli :paluuostraciled . Amerikkalainen psykologi , 194 : 254 --- 264 .
xxxxx 1965a . Katsaus joihinkin Freudin biologisten oletukset ja niiden vaikutus hänen
teorioita . Psykoanalyysin ja nykyistä biologista ajatus , ed . N. Greenfield ja W.
Lewis . Madison : University of Wisconsin Press .
xxxxx 1965b . Freudin kognitiivinen tyyli . American Imago , 22 : 167 --- 179 .

xxxxx 1967 . Beyond vitalismista ja mekanismi : Freudin käsite psyykkistä energiaa .
Science
ja Psykoanalyysi , ed . J. H. Masserman . Voi. wl , New York : Gurne m Stratton .
xxxxx 196f . Freud , Sigmund . International Encyclopedia ofSocial Sciences , Vol. . 6 .
Uusi
York : Macmillan ,Free Press .
xxxxx 1972a . Freudin mekanistinen ja humanistinen kuvia ihmisen . Psykoanalyysin ja
nykyaikainen tiede , ed . R.R. Holt ja E. Peterfreund . Voi. I. New York : Macmillan
xxxxx 1972b . Luonteesta ja yleisyyttä mielikuvitukseen . Intoiminta ja luonne
kuvastoa, ed . P. W. Sheehan . New York : Academic Press .
Hunter , RA , ja MacAlpine , I. , toim . 1963 . Kolmesataa vuotta psykiatria , 1535-1860 :
historia esitetään valittujen Englanti tekstejä . London : Oxford University Press .
Jackson, SW 1969 .Historia Freudin käsitteitä regression . Journal of American
Psykoanalyyttisen yhdistyksen , 17 : 743 - 7f4 .
Jones, E. 1953 , 1955 , 1957 .Elämään ja työhön Sigmund Freud , osat . I , II , m III .
New York :
Basic Books .
Kaplan , A. 1964 .Kulusta tutkinnan . San Francisco : Chandler .
Kennedy, G. 1963 .Taidetta taivuttelun Kreikassa . Princeton : Princeton University
Press .
Klein , GS 1951 .Oman maailmansa kautta käsitys . Vuonna Perception :lähestymistapa
persoonallisuus , ed . R. R. Blake ja G.V. Ramsey . New York : Ronald Press .
xxxxx 1970 . Perception , motiivit ja persoonallisuus . New York : Knopf .

Linton , Harriet B. 1955 . Riippuvuus ulkoisista vaikutteista : korreloi käsitys ,
asenteita , ja tuomio . Lehti Epänormaali ja sosiaalipsykologian laitos , 51 : 502-507 .
McBurney , JH 1936 .Paikkaenthymeme vuonna retorinen teoriaa . Puhe Monografiat ,
3 : 49 --- 74 .
Nunberg , H. (1931)synteettinen funktioego . Käytännössä ja teoriassa
psykoanalyysi . New York : Hermoston m mielisairaudet Publishing Co , 194f , s. i20 -
136 .
Rapaport , D. 1959 .Rakenne psykoanalyyttisen teorian :systematiling yritys . sisään
Psykologia :tutkimustieteen, Vol. . 3 , toim . S. Koch . New York : McGraw --- Hill .
xxxxx ja Gill , MM 1959 .näkökulmat ja oletukset metapsychology .
International Journal of Psycho - Analyysi , 40 : 153-162 .
Riesman , D. 1950 .Yksinäinen väkijoukkoon. New Haven : Yale University Press .
Spehlmann , R. 1953 . Sigmund Freuds neurologische Schriften : Eine Unter - suchung
zur
Vorgeschichte der Psychoanalyse . Berlin: Springer Verlag . (Englanti yhteenveto H.
Kleinschmidt vuositilinpäätöksessä Survey psykoanalyysin , 1953 , 4 : 693-706) .
Witkin , HA 1949 . Havainto kehon asento ja asennonnäkökentässä .
Psykologinen Monografiat , 63 . (7 . Whole nro 302) .

www.ingramcontent.com/pod-product-compliance
Lightning Source LLC
Chambersburg PA
CBHW070338290526
45791CB00003B/1387